LIVING AS REFUGEES

活為難民

那年的我，與印度德里的流亡藏人們

著作、攝影——彭皓昀

為了研究，我來到印度德里 Majnu-ka-tilla，
透過與流亡藏人訪談、閒聊、共食、買賣，
開啟理論與世界對話的空間。

推薦序

與難民同行

潘美玲

記得我在十多年前第一次來到位於印度德里郊區的藏人村，也就是本書關注的MT所在時，生活的氛圍和步調就如我在南印度的藏人聚居點感受到的安靜平緩。之後數年也經常有機會從德里的國際機場入境印度，在地的藏人朋友總是安排我先住到MT的藏人旅館，再前往預定的田野地點。就這樣，MT成了我在印度田野的轉運站。雖然我一直都是MT的過客，但漸漸地我也和藏人一樣在MT街上會巧遇在其他地方認識的藏人朋友，見識到MT既是流亡藏人聚居地，更是藏人印度往來的重要渠道。

達蘭薩拉是流亡社會的政治中心，許多聲稱流亡藏人研究的著作，絕大部分都是在此進行的民族誌。但根據我的經驗，如果說達蘭薩拉是藏人流亡社會的華盛頓特區，那麼MT就是流亡社會的紐約大城，其樞紐角色也同樣重要，我多年在《芭樂人類學》部落格書寫的「印度的西藏地圖」專欄，第一張地圖就是從 MT 開始的。

幾年下來，我觀察到 MT 隨著德里都市化的腳步和流亡藏人社會的人口成長的變遷，原先充滿著藏人族裔經濟特色的街景，已經逐漸被超級商場、運動服飾店，甚至日、韓美妝店所取代，假日的街道上也多了印度的消費者前來探奇。我也注意到許多年輕藏人在此聚集，不論是在德里就學、就業、待業、等待出國機會，除了和一般年輕人面臨同樣的問題和處境之外，他們的難民身分承受了更多的限制和不確定性。

當皓昀來到我的研究室，希望能夠以難民為碩士論文的題目時，我提供了 MT 研究作為方向。從研究議題的角度而言，MT 應該從難民社群的角度進行系統性的記錄和研究，至今卻還沒有得到應有的重視；其次，MT 位於都市的邊緣地帶，又有許多年輕藏人聚集，對於完全沒有研究經驗的新手而言，會比到其他位於偏僻地區的藏人聚居點，在地理距離和社會距離上都相對容易接近。由於 MT 的地理分布範圍相當集中，可以在有限的時間內，進行地毯式的調查，於是我要求皓昀進行普查，製作一份當地所有商家資料的地圖，作為田野研究的基底，也積極地為他爭取獎學金作為下田野的經費。當他2018年暑假預計要到印度德里下田野之前，他來到我的研究室，說他對於要那邊待上三個月的時間，充滿著未知的焦慮。我建議他先到有小西藏稱號的拉達克，之後再到達蘭薩拉，然後再到MT蹲點，雖然MT是主要的研究對象，但只有透過與其他的藏人社區比較，才對照得出MT的特色。

當印度田野結束之後，皓昀以《難民性的再生產：以Majnu-ka-tilla流亡藏人為例》為題，順利完成了他在交大族群與文化研究所的碩士論文，我作為論文指導教授的責任之一，就是確保論文寫作的學術品質，之後這本論文獲得了2020年台灣社會學會碩士論文獎（當年度有兩本碩論獲獎），得獎說明：「作者建立的難民居住地治理關係下的四種理想型，定位其研究田野MT是都市聚落。在此一都市脈絡下的流亡藏人棲居處，分析流亡藏人與地方社群的交往互動，以理解印度社會和流亡藏人的關係……。難民性，難民的共同經驗與處境，如何在每日生活中被社會再生產，結構性的國家力量又如何介入難民性的再生產。理論意涵深刻。」對於原是電機工程出身的皓昀而言，這份榮譽真是得來不易，我也與有榮焉，於是鼓勵皓昀將論文改寫出書。

當初我提供了一個研究的題目、指引了一個方向，皓昀除了將MT開發的歷史與變遷，進行詳盡的考察與紀錄之外，也開展了個人的境遇和故事，更牽引出他自身對於難民處境的認識與省思。現在完成的《活為難民：那年的我，與印度德里的流亡藏人們》，雖然是從碩士論文的內容改寫而來，但不再有論文指導老師堅持的學術框架，因此少了學術理論和專業術語，而是作者自由填入個人生命旅程的記錄，在田野過程中被觸動的點點滴滴驅使而成的書寫，呈現的是他個人在MT與難民同行，領受著人之所以為人的境況，以及從那個帶著愧疚的「小我」的自己，摸索體會到「大我」共同體的超越過程，期許本書也能觸動讀者，進而對難民議題有不同的認識。

（本文作者為陽明交通大學人文社會學系教授兼系主任）

推薦序

從觀光客的凝視到開社會學之眼
——誌記一段難忘的社會學之旅

黃崇憲

總是在最邊緣、最異質的人身上，才得到自身最清晰的印記

——漢娜．鄂蘭

人生或有奇妙的因緣。

第一次見到皓昀，是2018年7月1日在印度德里機場的過境大廳。彼時，我隨著潘美玲教授帶領的交大印度海外志工團，去印度北邊拉達克列城（Leh）的Jamyang School進行志願服務。當我們長途飛行轉機抵達

時，所有的團員們都已疲憊不堪，但要轉到列城的國內航線隔天才有班次。皓昀則是搭乘廉價航班，先飛吉隆坡，才又轉到德里機場跟我們會合，他背著六十公升的大背包、脖子上掛著一台專業的單眼相機，一副資深背包客的模樣，從此我倆結伴到拉達克並成為室友，無所不談。

Jamyang School 位於海拔三、四千公尺有「小西藏」特色的列城，是達賴喇嘛協助創辦的寄宿學校，學生是拉達克的少數民族，接受有受教育潛力的孤兒、單親或家庭經濟弱勢的兒童入學，學校提供免費的教育和生活費。教職員經費由達賴喇嘛流亡政府基金會支應，學生的生活費則由當地德高望重分任校長、總管的格西（藏傳佛教最高的宗教博士學位）募款籌集，而成了潘美玲口中極巧妙形容的「一所難民幫助貧童的學校」。

不久，認識了當時九年級的 Motup，能用流利的英文跟我交談。他告訴我，多年前他爸爸帶著他來校，然後藉故說要去買日常用品，從此一去不回，那時年幼的他整整哭了一、兩個星期，才逐漸適應過來。Motup 每年在快要入冬前會回家，度過兩個月的寒假再返校。他的家位於喜馬拉雅山七千多公尺的小村子，要走一百多公里的雪地才能搭到大眾運輸系統，沿途要攀岩、涉過冰川、晚上在山洞生火過夜。視天候而定，一趟路短程則四、五天，長則超過兩星期，曾被拍成紀錄片《冒險上學去》，說是全世界最危險的上學路。Motup 說，他有同伴們一個掉落懸崖、一個被河流沖走而亡。

我們在 Jamyang School 期間，適逢達賴喇嘛生日大會，在會場看到大群穿著傳統藏服的流亡藏人遠從各地來參加慶祝活動，在會場台下主位的不是西方媒體和貴賓，而是流亡藏人學校的小學生。尊者除了以英文致詞開場，全程使用藏語。中間有一度尊者對著遠方似乎在喝止什麼，經旁邊的藏人朋友解釋，方知有一衣衫襤褸者遭維安人員驅離，尊者特地制止。後來我們又幸運地蒙尊者接見，侃侃而談對「台灣問題」的殷切關懷。

接下來，我與皓昀來到位於德里近郊的 MT，也就是本書中的西藏難民聚居區，碰到的第一個藏人就是書中的央宗，在路邊擺小攤賣涼粉和一些雜貨。當晚入住一間由喇嘛經營的旅店，本來我們各自住的房間都有冷氣，但為了省錢，隔天皓昀便換到沒有冷氣的房間。七月的德里氣溫常在攝氏四十度左右，皓昀下田野三個多月得忍受如此的酷熱夜晚，其辛苦可想而知。但更具挑戰的是，我被眼前已被「常態化」的MT給愣住了，因為跟我本來預想的「難民區」完全南轅北轍。在踏查一遍整個社區後，我不禁跟皓昀說：「這研究要怎麼做啊？你要如何下手？」皓昀頓了一下，對我說：「先把社區地圖畫出來。」我沉默以對，因為我當時毫無想法，以我多年指導論文的經驗，直覺「凶多吉少」。在MT住了三晚，我就先回台灣。

幾個月後，皓昀寄給我論文計畫書，令我頗為驚豔，沒想到我直覺窒礙難行的研究計畫，他竟能「別開生面」闖出一片天，不但田野資料豐富，更難得的也能拉出理論高度，與既有的「難民研究」進行跨國比較參照、深入對話。論文完成後的口試，我高度肯定。他也決定投件台灣社會學會碩士論文獎，請我幫他寫推薦信，結果也不負所望獲獎了。如今，他將碩士論文改寫成書即將出版，這也是非常值得讚許的社會學公共書寫之實踐。此改寫的過程是一個「自我反身性」（Bourdieu）的後設「二階觀察」（Luhmann），將自己與被研究對象互為主體地互含互攝出「視域的融合」（Gadamer）。究其實，自我建構具有連續性發展的內在參照系統（尤其是實質性的道德問題與倫理終極關懷），在與社會交錯過程中形成。人可以超越不同語言和種族，去意識到更廣闊的共同體之社會關聯。在與 Jamyang School 小孩與 MT 流亡藏人的密切接觸中，貧困弱勢者／難民不再是「概念化他者」（generalized others），而是活生生有脈息的具體肉身，使令吾等直面其生存處境之「人間條件」。

如果說 2018 年，我在德里機場見到皓昀的形象是背包客，我倆初抵 MT 的驚鴻初瞥是觀光客的凝視，是來自符號的消費與收集，是觀光客帶著慾望消費觀光景點，是「我來故我在」打卡式自拍的到此一遊。現在呈現在我們面前的本書，則是開社會學之眼的深入動人書寫。

一路走來，我有幸見證了皓昀此充滿挑戰的研究蛻變過程。從印度北邊最邊緣的 Jamyang School、德里近郊的 MT，與我們生命經驗／人間條件迥異的拉達克弱勢貧童與流亡藏人，雖離我們相當遙遠，但他們雄辯式「活著」的存在證言，對比之下讓我們得以「迴光返照」出自身最清晰的印記，一個旅行與閱讀酬賞、豐富吾等的人生視域。我非常珍惜與皓昀此段殊勝因緣的結伴社會學之旅，內心常不自主浮現懸而未決的「西藏問題」，也忘不了 Jamyang School 那些孩子們天真清澈的眼神，衷心祝福他們勇敢地邁向未來的人生，活出動人的自我。

是以為序。

（本文作者為東海大學社會學系退休助理教授）

推薦序

在自己的土地上流亡

林欣怡

在收到 email 邀請寫《活為難民：那年的我，與印度德里的流亡藏人們》推薦文時，正好遇到了每年開始籌備 310 西藏抗暴日相關活動的忙碌時期，我是想要婉拒的，後來和潘美玲老師談了一下，也閱讀了本書的初稿，雖然還是覺得自己不具有「推薦」的資格，但我想從自身參與西藏議題的經驗，來談談為什麼這本書值得閱讀。

和作者一樣，我也先自我揭露。在 2008 年之前，我對於西藏的了解，僅限於達賴喇嘛和藹的面容，也曾經在台灣人權促進會夥伴的號召下，參與過幾次的 310 西藏抗暴遊行。2008 年的 314 拉薩抗暴事件，在台灣引起了廣泛的注意，當年在自由廣場有持續不斷的聲援行動，我在自由廣場上待了好幾天，認識了西藏台灣人權連線的理事長札西慈仁（當時藏台連線尚未成立）。4月26日當他在日本長野抗議北京奧運聖火傳遞被警察抓捕後，我也和台灣其他運動者投入了救援行動，他在被關押二十三日後釋放回到台灣。至此，我開始和西藏運動有了更深的連結。這不是我的選擇，而是它來到了我的面前，而你會覺得必須行動。

「我是流亡印度的第二代藏人，我從來沒有到過自己的國家」，這是札西慈仁說話的標準開場白。他在1998年來到台灣，經歷過多年的非法居留狀態，雖然拿到了台灣的身分證件，但自我認同仍然是「難民」，而且希望有一天能夠回到西藏。我記得在2019年西藏抗暴六十週年的籌備會議上，札西慈仁和台灣的NGO夥伴們在討論主題的時候，這一段話讓我印象很深刻：「藏人在境外流亡，藏人也在境內流亡，中國統治下的西藏，藏人在自己的土地上成為難民」。

我對於難民的理解，不是來自於國際法或者學術上的認知，而是藏人，我必須承認，是我所知有限的藏人。1959年跟隨著達賴喇嘛出逃的藏人有八萬人左右，現在大約有十五萬藏人散居在世界各地，而在中國境內的藏人約有六百萬。我認識的藏人中，即便有其他國家的身分，但對於「難民」這個詞加諸在他們身上，都不會排斥；境內的藏人們，也因為宗教、語言、文化及傳統的被破壞，承受「在自己的土地上成為難民」這樣的描述，既悲傷也適切。

然後，2016年西藏台灣人權連線成立，除了倡議行動外，也和台權會、人權公約施行監督聯盟以及法律扶助基金會共同協助一群在台無國籍藏人獲得居留的權利。2016年12月1日台灣《入出國及移民法》修正條文施行後，讓沒有國籍／身分文件的滯台藏人有居留在台灣的法源依據。依據《移民法》第16條第4項的規定：「中華民國一百零五年六月二十九日以前入國之印度或尼泊爾地區無國籍人民，未能強制其出國，且經蒙藏事務主管機關組成審查會認定其身分者，移民署應許可其居留。」經過三年的漫長等待，2019年5月27日移民署作出決定，認為這十九位藏人中，十三位符合《移民法》第16條第4項的規定，有六位不符合。如今2022

年了，我們持續協助這六位藏人打行政訴訟，希望台灣司法能夠解決這個問題。移民署希望藏人能夠提出證據證明他們的藏人身分，且是無國籍者，我們已經窮盡了能夠想的方法及有力證據，但政府依然不採信；尋求司法解決就是希望法院能夠進行調查，最終在台灣給他們一個安身的處所，目前司法程序仍在進行中。

在本書中，作者的「二次流亡」這個詞，是我首次聽聞但覺得感觸很深，這群無國籍且困在台灣的藏人們，連尋求二次流亡的可能性都沒有。在公共的視野中，我們時常看到的是西藏議題運動者的嘶聲吶喊，以為這就是西藏難民的全貌，卻忘了有更多的藏人是處在安身立命都不可得的狀態。境外、境內的藏人都一樣。

今年3月藏曆新年期間傳來了一個令人傷心的消息，一位年輕藏人歌手才旺羅布在布達拉宮前自焚，中共一如往常的掩蓋消息，但還是擋不住境內外藏人訊息的傳遞。一位即便在中國主流價值下可以被認為是「成功」的藏人，卻還是選擇自焚以明志，更何況其他一般藏人的處境了。

閱讀這本書，讓我看見西藏難民的多元面貌，除了故事有許多脈絡、豐富文獻的爬梳，這是我自己無法做到的，能讓我在處理西藏議題時更加謙卑。在過去，台灣社運伙伴在協助藏人議題時，最常說的一句話就是「陪藏人走這條回家的路」，我希望終有一天能達成，就如同才旺羅布在他的歌曲《回家》（ནང་ལ་འགྲོ）中的歌詞：「眼前路 有多大 有多苦／看就在山重水複／絕望處 還能唱 還能祝福／穿過雲霧 身在何處／才知道我為什麼哭／踏破塵土 彈起扎念／請記得回家的路／請記得回家的路／請記得回家的路……」。此外，更多的期待是，藉由這本書的出版，能夠讓更多人理解難民處境，讓民間已經推動超過十六年尚未通過的《難民法》可以儘速通過。

（本文作者為西藏台灣人權連線理事、廢除死刑推動聯盟執行長）

楔子

他把眼睛睜得大大的，張著嘴，還撐開了翅膀。歷史的天使一定是這個模樣！他把臉孔朝向過去。在我們遭遇一連串事件的地方，他看到唯一的災難不斷地產生一堆又一堆的瓦礫，並把它們扔在他的腳前。他似乎想在那裡停留，喚醒死者，並將破碎的東西組合起來。不過，一陣風暴卻從天堂颳來，猛烈地吹打他的翅膀，而他無法將它們收攏起來。這場風暴不停地把他颳向他所背對的未來，他面前的瓦礫堆已愈堆愈高，而聳入雲霄，這場風暴就是我們稱為「進步」的東西。

——華特．班雅明[1]

世界的正面，因目光照射而清晰可見；世界的背面，因缺乏燈火而幽閉晦暗。世界就像所有簡單的童話故事一樣，正義需要邪惡的映襯，成功需要失敗的對比，英雄需要死者的犧牲，光明需要黑暗的對照。

在光影交錯的舞台上，我們總是善於注視那些明亮的事物，並企圖對光影、輪廓、色彩的細緻變化給予豐富的描述，但對那些被留在陰影處的事物，我們的想像似乎過度的貧乏，沿著擅長迴避的視線，僅將其簡單的描繪以黑、病、混亂與異常。

因對世界偏執的認識，使光與影之間的過渡灰階被劇烈壓縮，擠出一道清楚的裂界，將事物劃分為二元之間的對比，消弭人們勾勒事物因果關聯的可能性。隨著殖民主義、資本主義、帝國主義的全球擴張，「進步」與「文明」不均勻地被分配到世界不同角落。

有些人出生便享受著穩定經濟、政治權力、教育資源與進步科技，有

1 — 請參考 Benjamin, Walter 著、莊仲黎譯，2019，《機械複製時代的藝術作品：班雅明精選集》。台北：商周。第220頁。

些人則長年活在戰亂、飢荒、疾病與死亡的威脅中。生活在第一世界的「我們」安於擁有己身的幸運，享受世界的通透明亮，卻也習慣憐憫陷於第三世界的「他們」。因他們那兒的黯淡無光，我們總是將彼此的關係簡化以秩序與混亂的修辭對照，遺忘彼此命運於歷史過程中的連續性，進而輕易地卸下對他們的道德、政治責任。

對說故事的人來說，任務不再是拯救位於遠方受難的他們，而是試圖循著框架邊緣，向闃黑、混亂、未知的方向前進，觸碰那些被不理解、被遮蔽、被視為理所當然卻深刻左右劇情的伏流，理解那些邊緣、陌生、噤聲卻與我們隱約相繫的人群。藉由思緒的轉向，說故事的人將給予全新的背景設定，打破善／惡、秩序／混亂、東方／西方之間的涇渭分明，來到一個事物彼此糾纏不清的世界，訴說一套由公民與難民、安居者與驅逐者、統治者與受統治者、富人與貧人、「我們」與「他們」共演的劇情。

開場

邀請您來到世界的背面
這裡並非總是危機四伏
亦非始終水深火熱
多數時候保持著冷靜
有時甚至充滿歡樂

這裡不需要過多的憐憫同情
僅需試著從陰暗向明亮望去
注視、觸碰、釐清光影之間的生產關係
用身體

經驗明／暗之間的對比

Don't forget Mr. Lingtsa Tseten Dorjee, activist for non-violence
It's been 5 years since we lost Lingtsa Tseten Dorjee
Five point demand of Lingtsa
1. Unconditional return of His Holiness the Dalai Lama to Tibet.
2. Unconditional release of His Holiness the Panchen Lama and all other political prisoners in Tibet.
3. Respect the fundamental right of the Tibetans to preserve and promote their language.
4. Respect the Tibetan people's right to practice their own religion and culture.
5. Demand for the complete demilitarisation of the Tibetan areas.
By Lingtsa Tseten Dorjee

KOJA

HIMALAYA
Restaurant

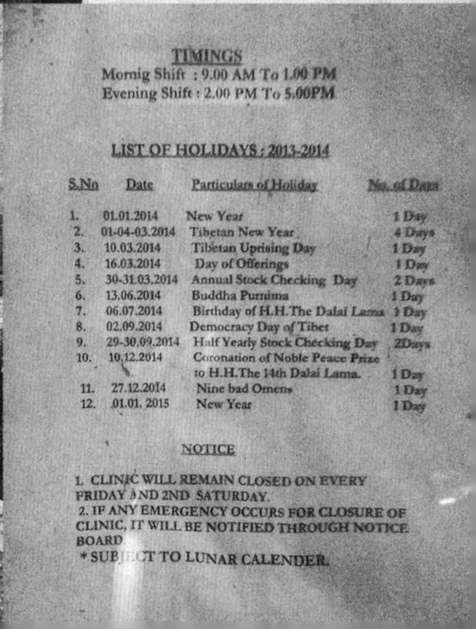
TIMINGS
Mornig Shift : 9.00 AM To 1.00 PM
Evening Shift : 2.00 PM To 5.00PM
LIST OF HOLIDAYS : 2013-2014
S.No Date Particulars of Holiday No. of Days
1. 01.01.2014 New Year 1 Day
2. 01-04-03.2014 Tibetan New Year 4 Days
3. 10.03.2014 Tibetan Uprising Day 1 Day
4. 16.03.2014 Day of Offerings 1 Day
5. 30-31.03.2014 Annual Stock Checking Day 2 Days
6. 13.06.2014 Buddha Purnima 1 Day
7. 06.07.2014 Birthday of H.H.The Dalai Lama 1 Day
8. 02.09.2014 Democracy Day of Tibet 1 Day
9. 29-30.09.2014 Half Yearly Stock Checking Day 2Days
10. 10.12.2014 Coronation of Noble Peace Prize to H.H.The 14th Dalai Lama. 1 Day
11. 27.12.2014 Nine bad Omens 1 Day
12. 01.01. 2015 New Year 1 Day
NOTICE
1. CLINIC WILL REMAIN CLOSED ON EVERY FRIDAY AND 2ND SATURDAY.
2. IF ANY EMERGENCY OCCURS FOR CLOSURE OF CLINIC, IT WILL BE NOTIFIED THROUGH NOTICE BOARD
* SUBJECT TO LUNAR CALENDER.

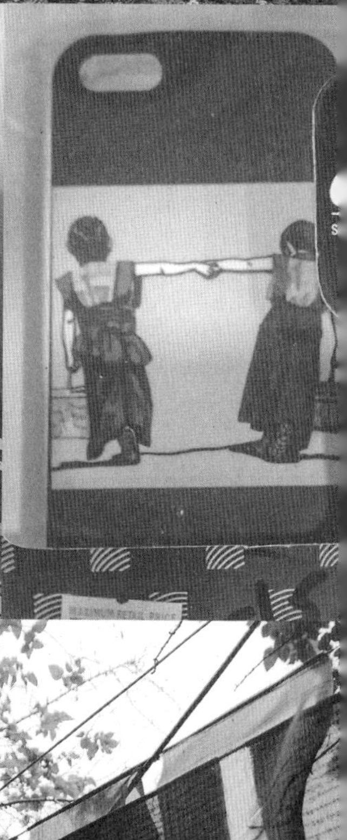

Content

序　章

投向晦暗的視線

我想先在此聲明，本書雖然以難民為描寫對象，但並非利用渲染另一世界的故事張力來博取讀者您的同情，而是想透過相對平實的視角書寫，試圖理解彼此差異的生活狀態，並找出共處的脈絡基礎，將難民描繪為與「我們」同樣充滿夢想、慾望、衝突、哀傷的生命樣貌。

進入正文之前，請容許我訴說「我」與「流亡藏人」相遇的過程，以「後見之明」分析一路上其來有自的巧合，找出生命彼此勾連的軌跡，從而確立寫作本書的初衷與目的。也想藉此私心紀念，曾經無知懵懂、多愁善感的自己。

遇見他們

我與流亡藏人的緣分，起因於一趟逃避現實的旅程，在過程中，我因遠離生活周遭習以為常的「我們」，才遇見了陌生且充滿未知的「他們」。

高中畢業升上大學之際，對社會現實尚屬懵懂的我，順應著社會與長輩期望，考上一所離家不遠的國立大學，理所當然地選擇了一個堪稱熱門的科系。在那裡，一切都受到理性的計算所支配，學習著如何客觀分析，盡可能地避免意外與風險的發生。大學畢業攻讀研究所，然後投身科學園區、盡職地成為一名工程師，豐衣足食後再繼續加班。面對一張看似妥善規劃的人生藍圖，好像也沒有什麼值得抵抗的必要，畢竟，不清楚自己想要什麼的我，並不知道除此之外能有何選擇。對於未來，當時我所背負的責任與需付出的代價，便是不斷努力。

正如所有與迷惘長廂廝守的青年，我對未來的焦慮並沒有什麼稀奇，僅因自身對世界想像的貧乏，而被困在不知方向的現實生活。回望自己成長經驗，缺乏轉折、頓點、遲疑，從有記憶開始算起，二十多年的人生彷彿是坐在一台高速趨前的火車，我的視線始終聚焦遠方，等待下一個車站冒出地平線，而外部世界的殘影，以失焦的方式掠過臉頰，從未引起我的注意。

其實，我並不討厭火車的井然有序，但對於被拒斥車窗之外的事物，仍充滿著好奇，這樣的好奇最終成了焦慮，提醒我應該放慢前行速度、回望窗外的風景。當時心中的焦慮來自：若抵達終點的過程已是一套安排好的劇情，那我是否將失去參與過程的儀式性，使終點不再存在未知的吸引力。

或許稱得上幸運的是，我對從事電機工程工作的興趣並不強烈，面對脫離常軌所引起的未知不安，也沒有太多掙扎，很快地便放棄了彼此的親密關係。在家庭的經濟支持下，我藉由旅行逃離熟悉的生活場域、逃離異化的學習過程、逃離理性的社會秩序，逃離現實，也逃離感官麻痺的自己。對我來說，這些旅程中的目的地在哪裡並不重要，我僅想藉由目的地內蘊的未知陌生，滿足對流浪、壯遊與冒險的渴望，如此而已。

那時的我，以國家為單位，每年夏天扛起厚重的登山背包，裡頭裝著三套換洗衣物、數百數千美金、一台單眼相機、一本旅遊書與一張機票，盡可能安排最佳的「窮遊」路線，能以最少花費玩上最多天的地方，便是最佳目的地。如此經濟理性的考量，使物價水平較低的開發中地區，如中國、東南亞與南亞，成了我探索世界的起點，有時我僅需幾百元台幣，便能輕鬆過上一天。

我鮮少規劃每趟行程的細節，是為了在尋常且制式的旅程中遇見驚喜，保持冒險本該具備的彈性。過程中，我有意識地蒐集觀光風景之外的雜訊，欣喜地接受任何偏離既定路線的邀請，尋找所有進入當地生活的入口。離開觀光場域的我，如同誤闖後台的觀眾，沿著舞台燈光的邊緣，探進昏暗的劇場內裡，好奇地打量散落一地的道具，與措手不及的演員，窺探當地的隱私、旅行的真實。或許是巧合，在我去過的地方，那些被旅人稱為當地日常的畫面，總是平淡無奇地，與貧窮、暴力、死亡相關。

望向廢墟

當真實的旅行經驗不再來自觀光活動的妥善安排，我再也無意將目光停駐於明亮清晰的事物，而是不由自主地將視線轉向晦暗深處，任由那些模糊、噤聲、缺乏輪廓與不被頌揚的人事物，佔據我獵奇的視線。剛開始，我還不習慣這些帶有不雅、骯髒與殘酷的氣味，畢竟它將所有旅遊的愉快經驗碎裂成銳利字眼，不斷諷刺著屬於觀光客的舒適安穩，但習慣了之後，我學會將這些「殘酷」重新詮釋，以冒險的敘事，作為整趟旅程的紀念品。不可諱言，我似乎上了癮。透過這種向暗處不斷「發現」的視線，我把旅途風景化為權力爭奪的痕跡，將暴力、衝突、悲傷化為旅行最深刻的體悟，進而宣稱真正來過一個地方。這些被賦予真實感的故事，往往發生於現代城市的邊陲、於偉大建設的地基、於資本積累的過程、於風景明信片的背後、於旅遊資訊的焦點之外。在那裡，許多人因權力不對等而遭受極端的壓迫，過著貧窮的生活並面臨死亡威脅。

然而當我開始意識自身所崇尚的旅行冒險，立基於充滿汙染、剝削、衝突、貧窮的生命經驗，我不得不尋求協助來緩解當中的道德困境，以更為適當的姿態旁觀他人之痛苦。當時我唯一能做的事，便是藉由書本、電影、旅行取得各式各樣的故事，不斷從秩序的世界向「他們」望去，望見生活如何支離破碎、生命如何渺小無存、人性如何殘暴冷血，直到我能夠收起過多的情緒。

> 關於苦難，此刻的我知道的太多，也同時知道的太少，多的是看見世界充滿無止境的憂傷，少的是因為只看見憂傷而陷入內心的悲傷。

曾經的觀光客

在正式投入研究之前，我回想起自己曾在 2014 年與藏人有過短短的緣分，那是一趟以觀光客之姿侵入藏人生活的「朝聖」之旅，彼此的相遇看似有趣，實則充滿矛盾。

從四川成都出發，我與朋友搭上通往藏區的長途巴士，在 318 公路上顛簸了十七個小時才抵達康定，目的地是色達縣喇榮寺五明佛學院。到康定城區時，夜幕早已低垂，我們隨意地飽餐裹腹後，便回旅館討論如何展開隔日的壯遊。沒有安排行程細節的我們決定偽裝成朝聖者，徒步前行。隔天一早，揹起四十公升的行囊，沿著公路緩緩地登高前行，路途上遇到的不是正打算前往拉薩的旅客，就是剛結束長征歸返的旅客。到了傍晚，我們行至折多糖山，附近沒有幾戶人家，也沒有太多住宿選擇，很快地便決定在一間外頭停滿自行車的旅館歇息。旅館老闆是外地來的漢人，裡面接待的客人也都有著相似面孔，整晚都在熱烈地討論行程與裝備。飯後，我們泡了溫泉來慰勞疲憊的雙腿，如同所有試圖征服西藏高原的人們。

天亮後，我們搭上旅館接駁車前往新都橋，途中翻上海拔四千多的埡口，那裡因驟高的海拔被稱為「西藏玄關」，人們在此下車，在風馬旗的祝福中合影，象徵自己已踏上「西藏淨土」。在碎石與塵土中，我們順著山坡來到滿是花開的新都橋，村落的規模不大，居民多著藏服、說藏語，有著深棕色皮膚。我們依舊住進一間漢人開設的旅館，服務的大多是和我們一樣窮遊的旅客，便宜的房費包含一頓合菜晚餐。

等待日落的時間，我們跑去一間由藏人經營的撞球館打發時間，切磋彼此生澀的球技，也與藏人老闆閒聊。藏人老闆得知我們來自台灣，便意有所指地詢問我們住處，確認我們住在「那間」旅館後，立刻面色凝重地勸戒我們別吃旅館晚餐提供的魚，因為那是漢人旅館老闆在藏人進行放生儀式後，摸著黑夜在河川下游偷偷打撈上來的「贓物」。藏人老闆得意地說，有一次旅館老闆被村裡的藏人逮個正著，大夥憤怒地揍了他一頓，旅館老闆也因此瞎了一隻眼。

帶著勸告，我們回到旅館，不斷打量旅館老闆深陷臉頰的左眼窩，試著透過這凹陷傷痕，理解漢、藏族群之間的矛盾。晚餐時間一到，餐廳裡擠滿等待用餐的漢人旅客，我們坐上十人的大圓桌，飢腸轆轆地等著上菜。此時的我們，與圓桌上的其他人講著熟練的普通話，大家自在地聊天暢談。在一陣酒酣耳熱後，原本忐忑的情緒早已煙消雲散，我們很自然地夾了一塊餐桌上的糖醋炸魚。

次日，沿著漢人「開拓西藏」的痕跡，我們再往「深山」裡走，一路向北過了爐霍縣，換上吉普車，穿過顛簸的碎石路與泥濘，終於抵達色達鎮。再一次，我們住進漢人開設的旅館，等著隔天前往旅程的終點——色達五明佛學院。只不過，我對五明佛學院的嚮往並非出自於信仰的神聖性，而是基於對奇觀奇景的朝聖。

我在新疆、甘肅、四川、青海、雲南的背包客棧裡，總會看到一面供旅客分享交流的資訊牆，上頭貼滿密密麻麻的照片、風景明信片與便籤，註記個人的旅行體悟。在那眾多照片中，必定少不了一張由無數紅色方塊推砌而成的山谷照片，仔細一看，這些紅色方塊是由一間間的紅頂小屋構成，從山腳蔓延至山頂，直到填滿所有空隙，頗為壯觀。照片中的地點便是世界上最大的佛學院之一——色達五明佛學院，數以萬計的紅色屋舍是供數萬名僧人修行的住所，大多沒有水也沒有電，彷佛遺世獨立而存在。在背包客棧裡，來自世界各地的旅客們總會熱烈分享旅行該地的經驗，描述虔誠的喇嘛、古老的佛寺院與神秘的天葬儀式（藏區的喪葬習俗之一，讓禿鷹吃掉死者的屍體），好像只要去過五明佛學院，便能稱得上見過道地的西藏。而這種從漢人視角「發現」西藏的視線吸引了我，雖然我自認不是個粗魯的旅客，但當時渴望前往該處的我，除了想證明自己見識廣博之外，似乎沒有更深的想法了。

沿著山坡向上走，我們抵達旅館，向接待人員詢問舉行天葬儀式的地點與時間。那時我天真地以為只要親眼見過天葬，便能揭開西藏生死的神秘面紗。從旅館往天葬台的路途，我一邊提醒同行友人保持莊嚴肅穆，一邊卻因自己過於興奮，而感到五味雜陳。

中國四川省的色達五明佛學院是世界上最大的藏傳佛學院之一，布滿整座山谷的紅色小屋為修行者的住所。

翻過高低起伏的山巒，我們比禿鷹與多數觀光客還早抵達天葬場，有充分時間來回尋找與天葬台之間的最佳距離與角度，確保等會兒儀式開始時不會錯過任何「精采」畫面。就在我們積極「卡位」時，看見一張突兀的標語牌出現於天葬台前方，上面寫著「觀光座位區」。這五個斗大的漢字硬生生地將天葬台前的空間切分成神聖與世俗兩側，前者屬於信仰者，後者則屬於觀光客。空間的劃分，是一種直白的控訴，它試圖保留儀式的神聖性，避免彼此的視線相互汙染，並對所有置身儀式之外的身體和獵奇的眼光表達抗議。

儀式開始，觀光客、信眾、禿鷹與「死者」皆靜靜的等待，天葬師拾起刀斧，按照順序將死者剝皮、肢解、磨碎、餵食。因畫面與氣味過於震撼，我們雖未如其它觀光客般驚呼掩面，但獵奇的思緒不斷湧上心頭，在不斷議論的過程中，天葬儀式已被我們轉化為一場文化表演。如我預期，觀光座位區的旅客們紛紛拿起了相機，將長鏡頭對準天葬台，頻頻讓快門閉合於驚奇的瞬間，積極為壯闊的旅遊經驗留下紀錄，有些人甚至忘記關閉閃光燈。看著那些不合時宜的舉動，我警惕著自己別成為那些必須被區隔的觀光客，然而幾分鐘過去，熱鬧的觀光氛圍消除了我的罪惡感，我默默地從背包拿出相機，迅速按了幾下快門鍵，在證明自身「到此一遊」的同時，也為自己的罪行留下證據。

當時的我，還未能意識到旅行所見的風景，與開發掠奪、國家暴力及歧視偏見的關聯，僅是隨著故事發展的衝突情節而感到忿忿不平。直到幾年後，我開始閱讀一些書籍才慢慢理解，過往習以為常、安全無虞與舒適穩定的旅行路線，乃是在極端權力不對等狀態下所「開拓」出的路徑，而我，僅是沿著「征服者」的足跡前往所謂的聖地，沾沾自喜地留下壯遊痕跡。爾後，這趟旅程中無知的自己，成了縈繞心頭的深層焦慮，難以對之後的任何旅行存有任何積極期待。

因此，我開始找尋能夠重新詮釋過往經驗的工具，希望讓自己能再一次享受旅行，而不是以觀光客的身分。也許是偶然，也許是探尋過程中的必然，我緩緩地與社會科學相遇，開始對族群、國家、文化、權力有更深的認識，透過社會科學知識來試著梳理過往的旅行經驗，藉由各式各樣的理論，將充滿痛苦、衝突、暴力的事件，歸檔於結構性敘事中。當中最能引起我共鳴的，便是人類學的田野研究，將田野調查研究與自己曾有的背包旅行經驗加以對照，我似乎看到另一種旅行的技術，得以將旅行中的細微風景轉化為值得繼續追問的話題，想像其背後蘊藏的複雜性，將純粹的好奇，轉化為對真實的

此時的我，站在天葬台前默默按下快門，為自己的「罪行」留下證據。

探尋。於是，帶著以社會科學知識重鑄旅行意義的期許，退伍後，我沒有回到理工的懷抱，而是報考了社會科學研究所，在碩士班的第一堂課，走進「難民研究」的課堂。

或許如此解釋我的難民研究源起，還是有點牽強，畢竟我確實挾著曾經在藏區旅行的微弱淵源，以及對普世人權的天真正義感，兀自建立起自己與流亡藏人的關聯，才確立以「難民」作為論文研究的主要課題。儘管放大到社會意義上，研究流亡藏人所背負的是追求社會正義的使命感，但於我個人而言，真正搭起連結的，僅是與自身過去和解的生命課題。我將學術研究放入曾有的旅遊經驗與即將展開的田野工作，開始學習如何發掘黑暗、學習如何對苦難感到稀鬆平常、學習隔離與他人過多的悲傷情感、學習清醒地注視苦難的細節。面對苦難，現在的我雖已習慣理性分析，不過，仍寄望透過一段生命歷程的回顧，回憶起善於同情、悲憫與憤怒的自己，並且為當下的寫作留下註解。

帶上社會科學的目光

走進社會科學的轉折處，我開始練習使用論述性的語言，將情感藏匿至概念與邏輯的堆疊之下，試圖對眼前的世界說出些意義。

首先，為避免閱讀上的混淆，必須先界定本書在使用「難民」及「難民空間」兩個詞彙時的脈絡。在使用「難民」（refugee）一詞時，並不是廣義指所有因苦難而逃亡的人，而是指因「民族國家」運作而產生的一種「社會身分」，它無法被化約為個人生命經驗、認同形構或法律定義，而是體現為集體所共享的狀態，相對於國家概念而生。這些人因為共同的歷史記憶、法律制度、經濟活動、社會網絡與文化認同，處在相似的生命處境，擁有相近的生命經驗，並且相互團結成社會群體。

在踏上研究流亡藏人的田野以前，我對難民的認識大多來自報章媒體所播放的衝突畫面，以及學者在難民研究中分析的苦難狀態。這些聚焦於描繪貧窮無助、失序混亂、殘疾死亡的文本，使我將「難民」理解為身心極為脆弱的人群，甚至帶有歧視性的負面標籤。因此在田野之初，為了避免政治不正確，我很少使用「難民」一詞。

然而當我前往印度，與流亡藏人實際接觸後，才發現在流亡社群中，無論在嚴肅或輕鬆的場合，流亡藏人經常使用「refugee」與「難民」作為他稱與自稱，在流亡社會中，「難民」是以豐富、多樣、彈性的意涵來描述其身處的世界，而非對他者的負面指涉，其足以說明集體的生存現實，並含納流亡藏人內部的差異性。流亡藏人對難民一詞模糊多義的使用方式，顛覆了我原本的扁平想像。很快地，對「難民」一詞的彆扭，隨我進入田野一段時間後，便消失得無影無蹤。

為了更貼近我所經驗的田野，在這本書裡，我會先擱置華語語境中對難民一詞的負面意涵，不過，這並不表示要忽略他們在精神上所遭受的苦難，而是期望能透過積極的使用，擴張、扭轉，豐富「難民」一詞的含義，說明「難民」並非是始終蜷縮於黑暗而害怕被直視的生命狀態，反而可以是積極尋求希望、參與改變的行動者，並且呈現難民社群內部的複雜性與異質性。

難民空間們

本書裡所提的「難民空間」（refugee space），乃廣義地指涉所有用來「收容」並「生產」難民的空間，具有邊界、土地資源、制度規範的特性。空間邊界可能表現為物質性的屏障，也可能呈現以社會文化隔離，隨著其座落的脈絡而有所差異，以體現法律規範、管理機構、空間特徵與族群關係的運作。從戒備森嚴的全控式（total institution）難民營[1]、偏遠的官方屯墾區（official settlement）、難民在荒野叢林中自主安置的聚居地（self-settlement）乃至鑲嵌在都市的難民飛地（enclave）[2]，這些提供難民生活得以座落的地方，皆為難民空間的討論範疇。

1 — 全控機構：概念來自高夫曼（Erving Goffman）對精神病院的討論，描述的是一種對收容者進行嚴密監控管理的機構。在全控式難民營生活的難民皆受到治理者嚴密的安排與監控，缺乏自主行動的權力，呈現以監獄、收容所、集中營的形式。請參考 Goffman, Erving 著、群學翻譯工作室譯，2010，《精神病院：論精神病患與其他被收容者的社會處境》。台北：群學。

2 — 飛地（enclave）：原指國家境內主權屬於另外一個國家的區域，後來也泛指「特定」族裔所佔居的空間，強調居民於文化上的差異。

面對形式各異的難民空間，首要必須釐清不同的空間形構與國家的關係，辨識出空間所體現的難民特性。法國思想家阿吉耶（Michel Agier）以異質空間（heterotopia）[4]的概念，將難民空間描繪為國家在主權領土之內，用來置放不受歡迎者（無法被現代國家歸納者）的地方，體現了「超地域性」、「例外」[5]和「驅逐」特性。居住在難民空間中，難民的生活經驗體現了地域性（locality）的雙重排除。

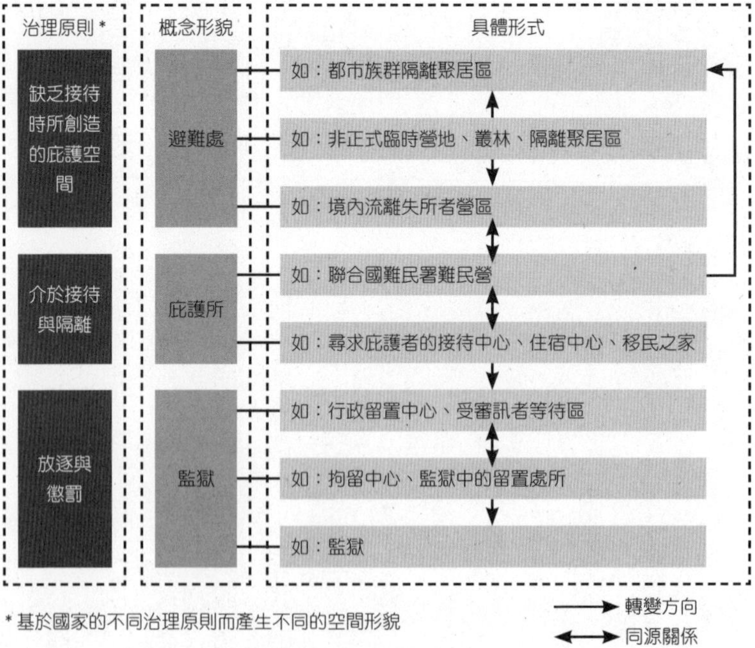

* 基於國家的不同治理原則而產生不同的空間形貌

異質空間的當代原則、形貌與形式[3]

此處所指的「排除」，意指難民未獲政治的肯認，在國家社會結構中缺乏位置，並被排除於正常社會的範疇外，也就是受到原居地拒斥，亦不被現居地接納的狀態[6]。阿吉耶以監獄（prison）、庇護所（asile）與避難處（refuge）三種空間形式為理念型，將不同形貌的難民空間置放在連續性的光譜之上，說明國家在治理難民空間時的原則，並強調不同形式之間存在連貫性[7]。

「監獄」作為全控機構，是對難民採取最嚴密管制的空間，在此空間中，難民成了罪犯，國家透過隔離、懲罰與監視，使其生活受到嚴密的監控，並且必須依循特定規

3 — 轉引自 Agier, Michel 著、陳瑞樺譯，2018，〈生命權力以其敏感形式來檢驗：當代異質空間民族誌計畫的簡要導論〉。《文化研究》27: 212-224。

4 — 異質空間的概念來自傅柯，意指「外在於所有地方的地方」，原文為"kinds of place that are outside of all place, even though they can indeed be actually located."。請參考 Foucault, Michel, 1984, "Of Other Spaces, Heterotopias." *Mouvement, Continuité* 5: 46-49.

5 — 超地域性（extraterritoriality）：是指外在於所有正常領土，但仍囊括在國家版圖之內的空間；而例外則是指外於所有正常情況，但仍處於系統之內的狀態。

6 — Agier, Michel, 2011, *Managing The Undesirables: Refugee Camps and Humanitarian Government*. Cambridge: Polity Press. pp.180-183.

7 — 轉引自 Agier, Michel 著、陳瑞樺譯，2018，〈生命權力以其敏感形式來檢驗：當代異質空間民族誌計畫的簡要導論〉。《文化研究》27: 212-224。

範。「庇護所」則是用以描述介於監獄與避難處中間的形式，是難民進入世界的大門，但仍是被區隔在外的空間，呈現出既被驅逐又監禁的矛盾，以及人道救援與維護社會安全之間的兩難。「避難處」則是位在光譜的另一端，屬於被放逐者的空間，避難處遠離於國家的直接監控，通常出現在沙漠、叢林或都市貧民窟，是難民自主安置的營地。

在上述類型中，形塑空間區位的邊界形式也有所不同。以難民營與都市難民聚居區進行對照，藩籬的消失並不是指難民不再遭到隔離，而是邊界的形式從物質性屏障轉變為相對開放的社會隔閡。進一步說，都市難民聚居區的「例外性」，充分體現社會規訓的作用[8]。在都市難民聚居區，監視與控制的機制將不再侷限於正式的難民組織與制度，而是如微血管般滲透在社會生活各向度，使難民在參與買賣、進入職場、上學交友、申辦文件時，不斷遇到公民與難民／剩餘人口／不正常者的劃分。

都市難民聚居區與難民營的關鍵差異在於，國家進行社會控制時所採用的「工具」不同。前者是由物質屏障所創造的治理難民空間，嚴格地限制難民的移動，並透過懲罰、暴力與監視來維持秩序；後者則是透過規訓機制，將難民治理內化在社會生活的各個面向，使難民在經歷各種選擇後，自願與非自願地被安置到特定生活場域。套用傅柯的話：一旦難民治理成為一套社會規訓，並滲入社會各層面發揮作用，各個生產規訓機構將如「監獄群島」（carceral archipelago）[9]般，形成機構與機構之間的連續整體，促使整個社會在無形中參與難民治理。

難民生活

具備明確「營區」特徵的監獄是我們最熟悉的難民空間類型，早期的難民研究皆以集中營、難民營為對象，也是多數社會大眾對難民的第一印象來源。政治哲學家阿岡本（Giorgio Agamben）提出的「裸命」（bare life）論是學者進行難民空間研究時最為重要的思想泉源，深刻影響當代研究者詮釋難民的視角。「營區，為例外狀態成為規則時

8 — Agier, Michel, 2011, *Managing The Undesirables: Refugee Camps and Humanitarian Government*. Cambridge: Polity Press. pp.183-186.

9 — 監獄群島概念來自傅柯《規訓與懲罰：監獄的誕生》（法語：Surveiller et punir: Naissance de la prison），意指由一連串各種類監獄機制，如工廠、學校、療養院、軍營所構成的體系，使人在社會生活中無時無刻皆受到規訓。請參考 Foucault, Michel 著、劉北成譯，2011，《規訓與懲罰：監獄的誕生》。苗栗：桂冠。第 306 至 316 頁。

所開啟的空間。」[10]透過自然生命（zoe）及政治生命（bios）的區分，他指出一種透過排除在正常律法外而納入治理的狀態，即介於自然生命及政治生命之間、現代社會無法區分的生命形式「裸命」，例外狀態便是形成裸命的條件。在開啟例外狀態[11]時，難民被「合法」剝除政治權力，當權力被剝除，人也成為任由宰割的動物，落入毫無防備的赤裸狀態。阿岡本認為，營區便是體現例外狀態的機構，形塑出一個生命權力[12]全然物化而主體不復存在的世界，進而成為生命政治（bio-political）的「典範空間」[13]。

從「裸命」、「例外狀態」的視角理解難民空間，極具啟發性的是它並非將難民營視為將難民「排除在外」的機制，而是透過「納入性排除」將難民囊括在國家治理之內。但從生命政治的視角理解難民，過度聚焦在結構的運作與其帶來的悲劇，卻使研究者忽略了難民的能動性，也忽略了難民如何生活，其僅被視為統計數字上的人口。面對過往研究的侷限，阿吉耶認為應跳脫法律制度的分析，以實際的田野材料為基礎，關注空間與社會的互動關係，說明權力（power）、治安（police）、政治（politic）之間的運作，檢視空間、生命權力與政治之間的三角關係[14]。兩者關鍵性的差異在於，阿岡本的「裸命」讓我們看見生命權力與政治融合後的結構，阿吉耶則提供我們看見當代生命政治與異質空間互動後形成的情境。不同於前者的悲觀絕望，後者試圖引導我們在難民營中看見希望[15]。

藉由阿吉耶的視角，當代研究者對難民的關注由死轉向生，得以開始探尋浮現於新情境中的可能，從如何「管理難民」轉向關心「難民如何創造」。研究者的任務不再是描繪結構力量如何在難民空間以宰制性運作，由上而下形塑難民的生活，而是透過生活，看見難民如何尋找縫隙、擺脫宰制、進行抵抗，使難民空間成為抑制政治權力與恢

10 — 請參考 Agamben, Giorgio, 1998, *Homo Sacer: Sovereign Power and Bare Life. Redwood City*, CA: Stanford University Press. p.95. 原文如下：The camp is the space that is opened when the stated of exception begins to become the rule.

11 — 例外狀態（state of exception）：是透過懸置法律讓主權者以不受正常法律限制的措施進行治理的狀態。例外狀態開啟，空間進入一個無「法」的狀態，在此空間中的生命被棄置、驅逐於正常法律之外，成為赤裸的生命。

12 — 生命權力（biopower）：是一種權力技術，此處強調它將具有社會性的人，化約為數字上的人口而達到治理效果。

13 — 請參考 Agamben, Giorgio, 1998, *Homo Sacer: Sovereign Power and Bare Life. Redwood City*, CA: Stanford University Press. pp.102-105. 與薛熙平，2006，《例外狀態：阿岡本思想中的法與生命》。台北：國立政治大學法律研究所碩士論文。第 102 到 106 頁。

14 — Agier, Michel 著、陳瑞樺譯，2018，〈生命權力以其敏感形式來檢驗：當代異質空間民族誌計畫的簡要導論〉。《文化研究》27: 212-224。

15 — 請參考陳瑞樺，2018，〈在共同世界的邊緣探問生命政治：阿吉耶的城市人類學與難民營研究〉。《文化研究》27: 196-211。

復政治力量交會的場域[16]。

然而理解難民如何行動，並不是一件容易的事。早期的研究文獻與媒體報導皆缺乏對難民生活的描述，但這實在是非戰之罪，因為過往嚴格的門禁監控或地理區隔，皆使難民營成為封閉性的空間，縱然研究者或媒體有機會進入，也只能短暫停留，無法進行長時間觀察，自然無法生產具脈絡性的難民知識。如今隨著許多國家鬆綁難民管制，不少難民營成了媒體工作者、研究者可及的田野地，我們才開始有機會從不同的視角理解難民生活。

生活與時間

起初，庇護國對難民的安置多是因為束手無策，只能／想提供食物、醫療照護與居住空間來延續難民生命，作為解決生死迫切問題的暫行方案。然而，隨著時間推演，難民營作為一個「過渡性」措施因缺乏其他解決方案而不斷展延，使各種暫時性制度與措施成為難民年復一年的「日常」[17]。面對難民處境的無限期延長，「時間」被帶回對難民營的關注，難民空間的發展史成為值得研究的課題。

本書在理解難民生活時，會將焦點放在「經濟自主程度」與「監禁隔離程度」兩個面向，前者關乎難民如何「維生」，後者關乎難民的「移動」。下表所指的「高度經濟自主」並不代表難民擁有自給自足的經濟模式，而是指難民能透過生產來滿足生活所需，不需過度仰賴援助資源，且能與外部經濟體系進行商品交換。換言之，當難民不再是純粹的援助資源接收者，將因其所從事的經濟活動而鑲嵌至更大的體系中，進而取得經濟自主性[18]。「低度經濟自主」則是指難民的經濟生活仰賴外部資源的配給，由援助組織（如國家、聯合國難民署、非政府

難民空間與治理的類型

	（高度） 監禁隔離 （低度）	
（高度）	防堵隔離 邊境難民營／偏遠屯墾區	社會規訓 都市聚居區
經濟自主		
（低度）	全控機構 監獄／集中營	暫時懸置 難民接待處

16 — 請參考 Agier, Michel, 2008, *On The Margins of the World: The Refugee Experience Today.* Cambridge: Polity Press. pp.63-64.

17 — 請參考 Milner, James, 2014, "Protracted Refugee Situations." pp. 151-162 in *The Oxford Handbook of Refugee & Forced Migration Studies*, edited by Elena Fiddian-Qasmiyeh et al. UK: Oxford University Press.

18 — 請參考 Bookman, Milica Z., 2002, *After Involuntary Migration: The Political Economy of Refugee Encampments.* United State of America: Lexington Books. p.87.

組織等援助者）單向挹注，缺乏相對應的交換，導致難民生活所需必須依靠資源分配者支配。在上表的橫軸，則以邊界移動可及性區分，來反應國家管理難民身體的方式差異。「高度監禁隔離」是指透過營區圍籬、身分管理、地理阻隔來建立難民與庇護國社會之間的距離，減少難民移動至難民空間外並與外界互動的可能性；「低度監禁隔離」則是指未限制難民移動的空間，這些空間不僅開放難民移動，也歡迎任何人造訪，且往往位於交通要道，易於四處移動以及與他人接觸。

難民在流亡之初「通常」會先到難民接待處，此處為庇護國在面對難民時，採取的懸置與暫時措施。難民接待處最主要的功能為發放物資，並將陌生的難民編碼、提供制度身分，把難民納入國家行政體系，使其成為能夠辨識並管理的對象。難民在這裡等待安置、遣返或轉送至第三國。

在難民入境領土後，庇護國維持與難民距離的方式有幾種：一是透過嚴密的空間管理，將難民的生活囿限在特定空間範疇、與國內社會保持距離，最常見的收治空間是監獄、集中營，以全控機構的方式嚴密管理，難民的經濟生活幾乎完全仰賴援助庇護國給予物資分配，造成難民與治理者之間懸殊的權力差距；另一種則是借助地理阻隔，設立邊境難民營，將難民防堵隔離在外以大幅降低營區的監控成本，並讓難民能夠自主維生來減低援助資源。本書研究的難民空間則屬於都市聚居區，這是較不受國家直接管理的空間，是難民自主聚居的區域，具有高度的人口流動性，難民有機會透過參與非正式經濟獲得經濟自主。在都市聚居區難民與庇護國之間的隔離作為，必須透過都市生活中的各種規訓機制運作來達到效果。

難民社群的「經濟模式」與「人口組成」是本書描繪難民生活的核心關注，希望透過這兩個面向理解難民的生活處境，更有機會從政治、經濟、歷史、社會與文化等不同面向理解「難民社會」，跳脫對難民本質性思考的泥沼，將問題意識的焦點從傳統的安置、收容等短暫、迅速的援助策略，轉向探討難民如何行動，也藉此理解難民如何彼此組織、取得生活資源、建立鄰里關係、參與政治活動、擺脫裸命的狀態。

接下來，我將以「難民研究」的視角進入田野，描繪一座位處印度德里、由流亡藏人所建造的難民城，內容與照片大多取自 2017 年至 2018 年間我於印度的田野旅行。旅途中，我沿著關注國家、階級、族群的視線，蒐集或大或小、或顯或隱、或深或淺的訊息，並在旅程結束後，竭盡可能地將其編排成有所意旨的敘事，呈現於本書之中。

本書所寫的故事雖然屬於流亡藏人，實際上勾連著我有限的生命視域，書裡的內容可以被嚴肅理解為研究生產的田野知識，接受批評與指教，但也可以被輕描淡寫地陳述為一種旅行嘗試，記錄著一段社會科學旅行者的所見所聞。

歡迎來到世界的背面

在美好幻想已然崩塌後
請繼續以旅行者的姿態
追逐沿途的明媚風光
但也學習以研究者的速度
緩緩觸碰真實的傷疤

身為一位社會科學旅行者需要做的是
在世界的背面
望向苦難的暗槽
找尋憤怒、悲憫、哭泣之外的可能性

人們並不會天真自大地知道
解決的答案
只盼能自己能在旅程中　真切的認知
我們與他們的世界
乃是以千絲萬縷的方式彼此糾纏

第一章

Majnu-ka-tilla：都市難民空間的誕生

1949年，由中國共產黨統治的新中國，承接了歷史中國的地理版圖，儘管當時西藏並非新中國的有效統治區域，但為了取得其蘊藏的天然資源、安頓過剩的軍事力量，並滿足擴張版圖的野心，中國共產黨高舉社會改革的旗幟，積極入侵蒙古、西藏與新疆等區域，於各地引發嚴重的暴動衝突。

流亡的起點

1959年3月17日，西藏首都拉薩淪陷，達賴喇嘛喬裝成平民逃往至印度避難。在此之後，數以萬計的藏人追隨精神領袖踏上流亡之路，翻越喜馬拉雅山脈到印度、不丹與尼泊爾，至今無法返鄉。根據西藏流亡政府（噶廈，藏文：བཀའ་ཤག，Central Tibetan Administration, CTA）[1]的統計，約有十二萬名藏人流亡到世界各地，其中有近十萬人居住在印度[2]。

藏人流亡到印度之初，主要被安置在北印度山區協助政府修築山區道路，但由於高風險與低酬勞，流亡藏人飽受貧窮、疾病之苦，於是達賴喇嘛向印度政府求助，希望流亡藏人能獲得更妥善的安置。到了1964年，印度中央政府向各邦政府徵求土地，才讓流亡藏人被陸續安置在正式定居區。正式定居區成立於1960年代，至七〇年代大致底定，大多位在無人開墾的荒地，由西藏流亡政府負責管理，享有九十九年的使用權限，在正式定居區成立後，確立了當代流亡藏人在印度的主要生活區域[3]。根據CTA對流亡社會的描繪，流亡藏人共有五十八個定居區[4]，三十九個在印度、十九個位在尼泊爾與不丹，包含正式與非正式定居區。約有百分之七十五的藏人住在正式定居區，其餘多住在鄰近定居區的都會區，德里與班加羅爾（Bangalore）是其主要聚居的城市[5]。

在印度忙著迎向現代化發展的年代，各邦政府都將流亡藏人視為開墾荒地的勞動力，期望藏人投入農業生產、能自主維生，以減輕印度政府援助難民的財政負擔，也協

1 — 西藏流亡政府位於達蘭薩拉，也稱西藏中央政府，司政透過民主選舉產生。

2 — 對流亡藏人進行人口統計相當困難，流亡政府大約十年進行一次普查，目前可查到的最新資料是2010年公布的報告。Planning Commission of Central Tibetan Administration, 2010, *Demographic Survey of Tibetan in exile -2009*. Dharamshala: CTA.

3 — 請參考 Tibet Justice Center, 2016, *Tibet's Stateless Nationals III: Tibetan Refugees in India.* Oakland, CA.: Tibet Justice Center. p.31.

4 — 此處指的是由流亡政府所認定的定居區，大致上標定了流亡社會的版圖，同時包含印度官方認定的正式定居區和非正式定居區。

5 — 請參考 Tibet Justice Center, 2016, *Tibet's Stateless Nationals III: Tibetan Refugees in India.* Oakland, CA.: Tibet Justice Center. p.31.

助改善各邦糧食匱乏的問題[6]。由於藏人被分配到的土地大多地處偏遠，土壤貧瘠、氣候多變且極度缺乏基礎建設，因此在開墾初期，流亡藏人的生活條件依舊相當嚴苛。而後，在世界各地援助資源的挹注下，這些荒地於六十年間逐漸發展成具有農業、製造業生產力的定居區，形成相對穩定的流亡社群。

流亡政府將定居區區分為三種主要類型，其中二十六個定居區以農業生產為主、十九個以手工製造業為主、十三個以商業活動為主。南印度的卡納塔克邦（Karnataka）與北印度的喜馬偕爾邦（Himachal Pradesh）是流亡藏人最主要居住的邦，南印度定居區的人口數佔流亡藏人總人數的四分之一以上[7]，三大藏傳佛教教派皆在此建立大型寺院，供養眾多僧侶。南方定居區屬熱帶氣候，以務農為生；北印度的定居區因位於喜馬拉雅山麓，大多以商業與手工製造業為收入來源，僅有少數地區發展出農業與食品加工業[8]。

流亡社會的客廳：達蘭薩拉

位於北印度喜馬偕爾邦的達蘭薩拉（Dharamshala），過去曾是英國殖民官員的避暑勝地，如今以西藏流亡首都與達賴喇嘛的駐錫[9]地為人所知，是許多人關注流亡藏人的起點。1960年5月，在印度政府協助下，達賴喇嘛從暫時安置地穆索里（Mussoorie）遷至位在達蘭薩拉的永久住所，西藏流亡政府、大昭寺（西藏的重要寺院）、羅布林卡（西藏的文化工藝保存中心）以及許多協助安置流亡藏人的政府部門、非政府組織，也陸續在此設立總部或據點。由於政治經濟資源的密集，使達蘭薩拉成為流亡社會在印度最重要的定居區。流亡藏人主要聚居在上達蘭薩拉的Mcleod Ganj，此處沒有耕地，也

6 — 請參考 Kharat, R.S., 2003, *Tibetan Refugees in India*. New Delhi: Kaveri Books. pp.53-55.

7 — 請參考 Methfessel, Thomas, 1997, "Socioeconomic Adaptation of Tibetan Refugees in South Asia Over 35 Years in Exile." pp. 13-19 in Tibetan Culture in the Diaspora: Papers Panel of the Seventh Seminar of International Association for Tibetan Studies, edited by F. J. Koram. Vienna: Austrian Academy of Science Press.

8 — 農業、手工製造業為西藏流亡政府於官方網站的分類，請參考 http://centraltibetanreliefcommittee.org/doh/settlements/india/north/north-india.html，取用日期：2019年10月29日。

9 — 駐錫：原指懸掛錫杖之意，後來轉為佛教徒對高僧弘法利生的敬稱，為僧侶居留之處所。達賴喇嘛作為藏傳佛教的精神領袖，是流亡藏人最為重要的精神寄託，許多人流亡印度只為見上達賴喇嘛一面，其住所就在位在達蘭薩拉大昭寺旁邊。

位於山城的達蘭薩拉。

沒有工廠，經濟來源是觀光收入與外界援助。Mcleod Ganj 的腹地不廣，由四條大街構成，以主廣場為軸心放射狀的向外延伸。放眼望去，高低起伏的山坡上建有密密麻麻的矮房，一間接連著一間的旅館、餐廳、紀念品店與雜貨店，比鄰於蜿蜒的路上。Mcleod Ganj 大街上的商鋪裝潢、販售的紀念商品與小吃、餐廳，無一不張揚著西藏的文化特徵，來往的僧人與佛教徒醉心於討論佛法教義，居民手持轉經輪、口中不停唸著六字大明咒「唵嘛呢叭咪吽」；此處也可看到各種關於情緒科學與佛法智慧的演講資訊，寺院與西藏圖書館開設長期的英語佛法課程，種種景象提供旅行者彷若身在西藏的錯覺。

除了無所不在的西藏文化特徵，此處也隨處可見流亡的歷史與現況展演：在高懸張貼的標語上，控訴中國共產黨的惡行；在流亡博物館裡，演示藏人的流亡過程；轉經[10]的路上也豎立著自焚者紀念碑。旅行者到達蘭薩拉觀光朝聖，也將背負流亡歷史帶向世界的任務。

10 —— 轉經：藏傳佛教的一種宗教活動，即圍繞著某一特定路線行走、念經、祈禱，是藏人日常的宗教實踐，也被當成一種休閒運動。

僧人、遊客、計程車與居民如織的達蘭薩拉街道。

Mcleod Ganj的「觀光化」，使其成為流亡社會中最具「前台」[11]性質的地方。於此居住的流亡藏人以近乎戲劇化的方式生活、頻繁地訴說流亡故事，大量的展演情境與滿布符號的空間，讓達蘭薩拉成為國際媒體、慈善團體、學者與旅行者們認識流亡社會的最重要入口，在報章雜誌、書籍文獻或各種旅遊記事中，都可以看到對達蘭薩拉流亡藏人生活的豐富描述。在此背景下，外界對流亡藏人的普遍認知，往往是以達蘭薩拉為基礎而出發。

達蘭薩拉的觀光景點並不多，只有一條通往Triund Hill的健行山路，幾公里外的 Dharamkot 村落，是瑜珈、酒精、尼古丁的聖地，對大部分的旅行者而言，文化朝聖是他們來到這座山城的首要目的。每年融雪後，觀光客參觀寺院、逛紀念品店與報名宗教活動，揭開西藏文化的神祕面紗，而志工、僧人、朝聖者與學生，則多安排長期的停留時間，學習佛法並參與法會。

對流亡藏人而言，達蘭薩拉因為達賴喇嘛的駐錫，成為藏人心中安全且神聖的地方，許多流亡藏人到印度的第一件事，便是不遠千里前往達蘭薩拉晉見精神領袖、聆聽佛法，求取心靈安定。除此之外，達蘭薩拉也是流亡藏人「等待」的地方，這裡的觀光產業提供了許多工作機會，NGO 機構也開設不少培訓課程，使一些無處依歸的流亡藏人聚集於此，度過畢業、離職、等待簽證的過渡期。

對研究者而言，達蘭薩拉是理解流亡社會的必經樞紐，其政治經濟中心的地位深刻影響流亡社會的發展，為數眾多的學術論文皆以此地為田野，描繪流亡藏人的生存處

11 — 前台（front stage）：的概念來自美國社會學家高夫曼（Erving Goffman）的劇場理論。將觀光場域比喻為劇場，觀光區作為前台而充滿著各式各樣的符碼，是表演的空間。觀光客作為觀眾，居民則成了演員，彼此存在凝視與展演的關係，不僅是觀光客對風土民情的消費，居民亦得以透過表演安排形塑旅行者對地方的認知。

境，並發展出許多解析流亡社會的知識工具。承接著前人的研究，接下來我對 Majnu-ka-tilla 的描述，也延伸自許多以達蘭薩拉為田野的研究成果，透過不斷的對照與類比，才得以看見 Majnu-ka-tilla 流亡社群的特殊性。

來到 Majnu-ka-tilla

與多數人一樣，在真正抵達 Majnu-ka-tilla 之前，我對流亡藏人的認識有限，回頭想想還真是相當片面的刻板印象，雖然沒有天真地將流亡印度的藏人比擬為西藏高原上的遊牧民族，仍過度簡化地想像其身著傳統衣飾、遺世獨立的樣貌。

我人生中第一次出現 Majnu-ka-tilla（接下來皆以簡寫 MT 表示），是我們這些菸酒生（大夥對研究生的戲稱）構思論文題目到腦汁榨乾的日子。2017 年，對研究主題、研究對象還沒什麼頭緒的我，帶著天馬行空的想法走進指導教授辦公室，她在聽完我雜亂無章的想法後，拋出 Majnu-ka-tilla 這個地名：「與其在抽象理論中胡思亂想，不如直接面對具體的研究對象。」我坐在教授對面，立刻拿起手機上網搜尋 Majnu-ka-tilla

的位置，僅看見它被標註在印度德里，一座於我而言，完全陌生的城市。

教授沒打算安撫我腦中的一片空白，繼續以平穩的口吻說：「如果達蘭薩拉是美國的華盛頓，那MT就是紐約市，那個地方很有趣，你去看看吧。」當時的我著迷於早期人類學家遠離塵世、探索異地的冒險精神，時常想像自己在喜馬拉雅山區為了研究而翻山越嶺，因此當我打開地圖，發現MT是一塊位於市區大馬路旁的河埔地時，「咦！在都市？」心中幻想無數次田野冒險的興奮期待，頓時煙消雲散。

在某個層面來說，我與MT的因緣看似平凡，既沒有與自我生命交織出的深刻連結，也沒有非去不可的強烈動機，僅是一位年輕的社會科學研究者在教授指引下，擇定了遠方的田野地點。但從學術研究的角度，MT確實是值得研究的對象，一來是在研究流亡藏人的既有文獻中，描述流亡社群的研究並不多，大多聚焦於認同、信仰與難民政策，而MT作為都市流亡藏人的聚居地，或許是進行社群研究的不錯選擇；其次，過往研究的難民空間多位處相對封閉的環境，因此在一座都市中看似開放的難民飛地，的確引起我濃濃的好奇。

起初的想法很簡單，僅是從對難民的基本關注出發，想知道「對身為難民的流亡藏人而言，在德里這座超大型全球都市中，『生存』如何可能？」對第一次進行社會學研究、第一次來到印度、第一次接觸流亡藏人的我而言，MT 充滿許多需要回答的問題，在看了許多旅人遊記，對 MT 有了多一點點的認識後，很快地，我就辦妥機票與簽證，帶著些許文獻知識，糊里糊塗地開始為期兩週的 MT 初體驗（隔年再度前往三個月）。

第一印象

2017 年夏天，我剛結束馬來西亞的田野調查，便直接從吉隆坡出發抵達德里的深夜。步出飛機，我深深吸了好大一口氣，想像自己正呼吸著印度洋的空氣（實際上德里離海很遠），心情夾雜著雀躍與不安，一是為了來到「背包客聖地」而興奮，二是作為研究者對「文化衝擊」的謹慎期待。

在市中心新德里[12]晃蕩兩天後（第二章會分享我在新德里難忘的受騙經驗），我懷著對印度短淺的認識前往 MT。隨著列車靠近離 MT 最近的地鐵站 Vidhan Sabha，藏人面孔逐漸增多，他們穿著時髦、戴著耳機，無異於其他都市人，時時刻刻低著頭滑手機。步出地鐵站後，為了避免被三輪車司機當成觀光客痛宰荷包，我學著其他藏人不發一語地上車，觀察其他人的付款金額，下車時果斷付給司機十盧比，彷彿一切是那麼稀鬆平常[13]。大約十分鐘左右，三輪車停在一座天橋的西側，深綠色的扶手上掛滿飄逸的風馬旗，我隨著人群登上階梯，越過一條六線道的大馬路，便來到MT的入口。入口的牌坊以橘紅色為底，以法螺與吉祥結為裝飾，兩側畫有兩條金龍，中間斗大的字體寫著「Tibetan Refugee Colony」[14]（西藏難民聚居區）。

MT的入口有許多準備拼車[15]前往地鐵站的乘客，三輪車司機七嘴八舌的爭搶客人，有時甚至會大打出手。我離開車水馬龍的馬路，鑽入小巷子內，感官瞬間被西藏文化符碼包圍：巷子兩側的牆面上貼著滿滿的藏文廣告、行政公告與活動文宣，房屋裝潢

12 — 德里與新德里在地理上相鄰，德里為蒙兀爾王朝時期的城區，多為波斯—伊斯蘭建築風格，新德里則為英殖民政府所建設的區域，擁有現代化的空間設計與建築。在印度行政區劃分中，德里是指印度的國家首都，而新德里是隸屬德里市的行政區之一，MT位處於北德里區。由於德里市面積廣大，本文使用德里一詞時，通常是指印度的國家首都，新德里則是指德里市發展最核心的地區。

13 — 為因應龐大的交通需求，MT與Vidhan Sabha地鐵站之間形成一條固定的交通路線，乘客與司機之間保有著一定的默契，只要你不開口詢問價錢，尖峰時段按人頭算，一人收十盧比，離峰時段則以包車為主，一車四十至五十盧比。

14 — 2021年，牌坊上TIBETAN REFUGEE COLONY的字樣已被改成NEW ARUNA NAGAR COLONY RWA（REGD）。

15 — 為了湊齊乘客分攤車資，尖峰時段許多人會在MT入口處等待，三輪車司機積極地拉客，直到湊滿一車四人才出發。

以吉祥輪與西藏紋飾裝飾的 MT 大門，上頭寫著大大的 TIBETAN REFUGEE COLONY，歡迎遊客來到德里的小西藏。

以紅黃藍綠為標準用色，店家收銀台後的牆面則掛有達賴喇嘛照片，藏式料理的香氣瀰漫於空氣中，街角的擴音器不時傳出藏語廣播。攘來熙往的巷弄裡，人們互相說著「札希德勒」[16]，這是我當時唯一熟悉的藏語，讓我確認這兒的確是德里的「小西藏」。

MT鋪張的族裔特徵並非來自日常生活的實踐，而是因觀光化發展才顯得張揚。全球知名旅遊網站將MT評比為新德里值得參訪的景點第三十四名，獲得4.5顆星推薦[17]，印度美食網站也對MT的餐廳有豐富完整的介紹[18]，印度YouTuber與部落客更直接將這裡形容為好逛、好買的商業區，可以在此找到新奇有趣的小吃，也能購得廉價的流行服飾[19]。商業發達的MT無時無刻熱鬧歡騰，南來北往的旅客在街頭巷尾探頭探腦，有些揹著行囊四處問路、尋覓住宿，有些飢腸轆轆地搜索新奇小吃與知名餐廳。

16 — 札希德勒（བཀྲ་ཤིས་བདེ་ལེགས），吉祥如意之意，為藏人常用的招呼語。

17 — Tripadvisor 網站上的 Majnu-ka-tilla 頁面，https://www.tripadvisor.com/Attraction_Review-g304551-d3705429-Reviews-Majnu_ka_Tilla-New_Delhi_National_Capital_Territory_of_Delhi.html，取用日期：2021年9月21日。

18 — Zomato 是在德里相當實用的美食網站，顧客可為餐廳評價留言，滿分為5顆星。請參考：https://www.zomato.com/，取用日期：2019年10月29日。

19 — 網路影片“Komal Takes On The Rs 3000 Challenge In Majnu Ka Tilla – POPxo”，請參考 https://www.youtube.com/watch?v=d3My0ydnAmw，取用日期：2018年6月8日。

雖然佔地不廣，MT卻擠滿了超過四百間的商店。根據我在2018年的實地踏查，當時有旅館四十九間、餐廳五十八間、旅行社五十四間、流行服飾五十八間，其餘珠寶、雜貨、佛具店共一百八十七間。主街兩側的建築物為鋼筋混凝土構造，獨棟透天住宅的高度大約落在四至五層樓，一樓普遍作為店面，二樓以上則是旅館與自家住宅。

店鋪大致分成三種類型：數量最多的是因應觀光而生的商店，包含旅館、旅行社、找換店、餐廳、紀念品店等等，幾乎每間店面裝潢都有濃厚的西藏文化特徵，像是以藏文書寫的招牌、大幅輸出的布達拉宮及達賴喇嘛照片、吉祥結與轉經輪圖飾。其次是以滿足大眾消費市場為主的商家，有十一棟由寺院或地方組織管理的大型現代商場，佔地廣闊、樓高四至五層，有些還配有電梯，各樓層以玻璃隔間分租成不同單位，以招商的方式由不同店家經營，販售流行鞋包、牛仔褲、T-shirt，客群鎖定德里青年；而隱身於巷弄深處的店家，則多是服務本地居民，缺乏整理、積灰老舊的店面，賣著佛法書籍、中國零嘴、糌粑粉[20]，還有幾間電動遊戲場、家庭理髮店、平價餐館與麻將館。此處並設有幾間牙醫院、西醫院與藏醫院，高度的商業分工顛覆了我對難民、難民空間、流亡藏人的想像。

難民？難民營？

不同於刻板的難民營印象，位於市郊的 MT 沒有鐵絲圍籬，人們可以自由進出，生活亦稱不上貧困窘迫，若從建築、街道與商店形式比較，MT 的生活機能甚至比鄰近印度社區好上許多。的確，眼前人聲鼎沸、車水馬龍的畫面似乎與我旅行過的其他城市沒有太大差異，但作為難民的聚居區，

20 — MT 賣的中國製零嘴多為加工食品，其中牛奶糖相當熱銷，另外也賣一些麥片、酥油茶風味的沖泡粉包；糌粑粉由青稞磨製而成，除了作為藏人的日常主食之外，糌粑更象徵著流亡藏人族群的認同，MT 也有販賣寫著「吃糌粑的人」的 T-shirt。

MT 的早晨街景，店家正準備開工，等待中午遊客到來。

這與我讀過難民研究所描繪的景象，著實有著天壤之別。

相較於達蘭薩拉的莊嚴神聖與農業定居區的寧靜樸實，MT 以熱鬧繁忙的姿態倚伏於城市邊緣，挑戰每個造訪者對流亡藏人、難民的想像。面對高度展演的文化符碼與商業化發展，我不禁開始疑惑在此進行「研究難民」的可能性？原初設定好的問題意識會不會只是一廂情願的誤會？在焦慮與困惑中，我暫時放下「難民研究」的強烈動機，決定先以都市族裔飛地的視角，描繪 MT 流亡社群的運作與發展歷程。

按照實際的田野時序，我先在 MT 與流亡藏人有了初次接觸，待上幾日後，才輾轉來到流亡社會的核心——達蘭薩拉，但在對流亡藏人的認識上，我卻是從研究資料較為豐富的達蘭薩拉開始，藉著前人的研究，建立對流亡藏人的想像，才得以取得進入 MT 的線索。藉著結構功能論[21]的觀點，我將流亡社會想像為由不同定居區結合成的有機體，達蘭薩拉與 MT 則是促成流亡社會運作的中樞，分別有著各自負擔的功能與意義。因此，為了理解 MT 所處的脈絡，必須從城市、鄰里、流亡社會的不同層次展開考察。

從城市發展的視角，位於新德里市郊的 MT，因地處城市治理、經濟活動的邊陲而成為流亡藏人的棲身之處，但隨著都市擴張，MT 被捲入都市之中，有了不一樣的「發展」。從鄰里的尺度關注MT，則得以看見流亡藏人與鄰里居民彼此分工、協商與衝突的過程，進而看見構成MT日常的「行動者樣貌」。最後，從流亡社會的脈絡來看，因首都德里的交通便利性，MT成為連結南印、北印與東北印流亡社群的交通樞紐，也成為流亡藏人跨域移動、參與全球化的關鍵，因而被賦予無可取代的「定位」。從不同的空間尺度展開思考，一方面要描繪MT作為難民空間多重意義的特性，另一方面要說明MT因為哪些人與活動，而被鑲嵌於具體的時空脈絡中。

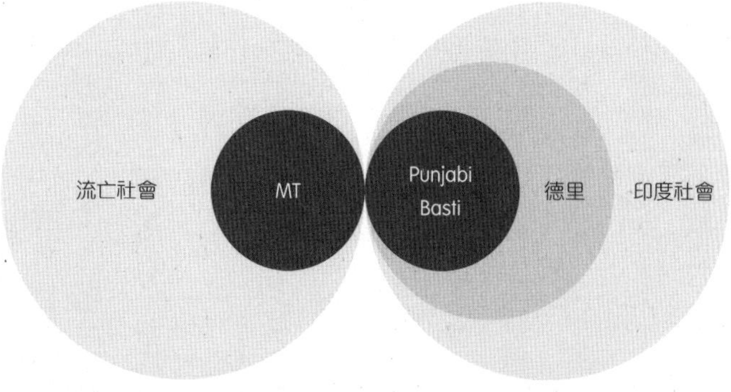

MT空間關係的概念圖，位處於流亡社會的商業核心、印度的邊陲與Punjabi Basti的鄰居。

21 — 結構功能論（Structural fanctionalism）：指的是將流亡社會視為一個具有秩序且整合的系統，在此之下，位處不同地區的流亡社群，便扮演著維持流亡社會穩定運作的功能，如達蘭薩拉作為流亡社會的政治中心，MT則是連結外部世界的樞紐。

命名空間

每一個地名，皆是一個空間向人們呈現的一種方式，它可以是詩意的、歷史的、紀念性的、描述性的或純粹的座標定義。沿著不同的空間命名，得以將 MT 連結至不同語境脈絡，再藉由每一個符號背後隱含的政治意義，理解空間如何被人們觀看、理解、消費與佔用。

若按字面意義直翻，Majnu-ka-tilla 是「被愛充滿之地」，此名稱出自錫克信仰的故事。十六世紀初，亞穆納河畔旁的高地住著一位名為 Abdulla 的男子，他對錫克教的信仰深厚，終日追尋著神的真諦，渴望獲得心靈的解脫。一日，Abdulla 聽聞錫克教的創始人 Guru Nanak[22]旅行至德里，苦無方法與 Guru Nanak 見面的他心裡非常焦急，為了理解神的真諦，他發誓一定要見到這位偉大的聖者，開始不分日夜地協助人們渡河，並將付出視為對神的奉獻而不收取回報，人們因此為他的瘋狂舉動取了一個別名 Majnu，形容他對神的愛已陷入沉迷。1505 年 7 月，他終於如願以償見到這位精神導師，Guru Nanak 告訴他，此地將會因他的努力奉獻而永垂不朽。據此故事，人們將此地取名為 Majnu-ka-tilla，即 Majnu 之丘，並建立了錫克寺廟，以紀念信仰的偉大[23]。

在印度政府的治理語境中，Majnu-ka-tilla 泛稱三個行政區域：左為 Aruna Nagar、右為 New Aruna Nagar、下為 Old Chandrawal village，狹義上，MT 屬於 New Aruna Nagar，其位於新德里的東北方，亞穆納河（Yumuna）[24]的右岸，西側被新德里外環道（National Highway 1）切割，距離市中心約十公里，面積為 64,627.42 平方公尺，是一塊南北向的狹長區域，約由三百七十多間混凝土房屋組成[25]。New Aruna Nagar 是印度政府在 2000 年的正式命名，此名稱不僅出現在正式的文書中，也出現在德里發展局（Delhi Development Authority）製作的門牌上，「NEW ARUNA NAGAR COLONY (MAJNU KA TILA), DELHI-54」是郵差送件時使用的座標。但基於人們對 New Aruna

22 — Guru Nanak 為錫克教的創始人之一，有些藏傳佛教徒視 Guru Nanak 為蓮花生大士（Guru Rinpoche）的轉世，蓮花生大士是將佛教帶到西藏的重要僧侶。請參考 Bhuchung, Tsering, 2013, "When Guru Nanak Visitied Tibet." pp. 188-190 in *Voice in Exile*, edited by Rajiv Mehrotra. Delhi:RUPA.

23 — 印度時報敘述 MT 地名的起源故事，請參考 https://timesofindia.indiatimes.com/A-Gurdwara-steeped-in-history/articleshow/10552745.cms?，取用日期：2019 年 10 月 29 日。

24 — 亞穆納河為注入恆河的第二大的支流，為灌溉北印度重要的水源，舊德里市以此為東界

25 — 西藏之聲報導，請參考 https://www.voatibetanenglish.com/a/1497309.html，取用日期：2018 年 6 月 8 日。

Nagar 名稱的陌生，許多文件為避免混淆，會再以 Majnu-ka-tilla 或 Tibetan Colony 補充註記。透過現代土地丈量技術，Aruna Nagar、New Aruna Nagar 和 Old Chandrawal village 的空間範疇被政府明確劃分，作為國家空間治理時的精確行政用語。

作為流亡政府表列的定居區之一，Samyeling（藏語音譯，桑耶林）[26]是 MT 另一個常見的名稱，為達賴喇嘛賜名。Samye 取自拉薩桑耶寺（西藏文：བསམ་ཡས་དགོན་པ་，Samye Gompa）[27]，而 -ling 表示「地方」，Samyeling 在藏文有「出乎意料之地」的寓意。不過，Samyeling 並不常出

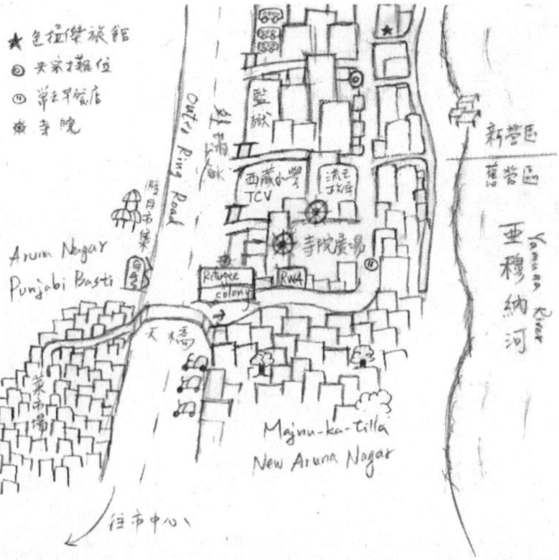

為了本書繪製這幅田野地圖，除了想說明 MT 的行政區域劃分外，也標記出本書會提到的幾個地點。而在繪製過程中，那年與流亡藏人相處的一點一滴，又再次浮上心頭。

現在藏人日常口語中，對於印度社會來說更是陌生詞彙，僅會出現在流亡政府官方文件、里民辦公室招牌、流亡政府官方網站或西藏新聞中[28]。藉由引自西藏文化傳統的命名，Samyeling 強調流亡藏人的主體性，對外揭示 MT 為流亡藏人聚居的空間，也透過這層轉化將 MT 納入流亡政府管轄的行政區。

對印度社會、觀光客來說，西藏村、Little Tibet（小西藏）、Tibetan Colony 才是他們熟悉的稱呼，常見於網路文章或 YouTube 影片中，以「Tibet」（西藏）直白地標示族群文化的特殊性，反映 MT 被視為族裔飛地的空間特徵。在中文語境中，Colony 被翻譯成殖民地，具有外來者佔據且統治區域的意涵，但 Colony 在印度，是常見的命名詞彙，指的是該空間聚集特定的人群，並沒有「殖民」的負面意涵。在印度社會中，

26 — Samyeling（桑耶林）的名稱由來。請參考 http://tibet.net/2006/09/dharamshala-diary/，取用日期：2019年10月29日。

27 — 桑耶寺，是西藏最早的藏傳佛教寺院，為蓮花生大士將佛教傳入西藏的起點。桑耶寺原名巴桑雅（藏音 Bsam yas），意即「吉祥無邊」、「任運而不變」的意思。相傳赤松德贊王急於見到建成之寺廟景象，蓮花生大士便運用「神通」，在自己的手心現出寺廟的影象，赤松德贊王見此影像驚呼：「桑耶！」（「出乎意料」的意思），於是該寺便命名為桑耶寺。引用自敦珠佛學會對於桑耶寺的介紹，請參考 https://dudjomba.com/introduction/Samye%20Monastery%20in%20Chinese%20big5.pdf，取用日期：2021年9月19日。

28 — 西藏流亡政府官方網站對於桑耶林定居區（Samyeling settlement）的介紹。請參考 http://centraltibetanreliefcommittee.org/doh/settlements/india/north/samyeling.html，取用日期：2019年10月29日。

MT 藉由異文化標籤命名吸引觀光客目光，使不熟悉此地的人產生族群聯想。

本書用 MT 而非其他名稱，不僅因它是 Majnu-ka-tilla 的縮寫，更是因 MT（口語直唸兩個字母）是我於田野與藏人、印度人、朋友之間使用的名稱，就算在德里以外的地方，只要說明我正在進行 MT 研究，藏人也皆能掌握 MT 所指涉的對象。不過需要注意的是，在不同語境中，MT 的使用還是略有差異，多數時候泛指以 New Aruna Nagar 為核心發展出的藏人生活圈，包含 New Aruna Nagar 與 Aruna Nagar 兩個區域。但若話題是在說明 Aruna Nagar 與 New Aruna Nagar 的差異，MT 便專指 New Aruna Nagar 這塊高度商業化的區域。

Aruna Nagar 又稱為 Punjabi Basti（旁遮普人之地），是印度政府於 1958 年為了重新安置德里北方難民而規劃的空間，主要居民為 1947 年印巴分裂後產生的難民，這些印度教難民原本住在旁遮普（Punjab），因家鄉被劃為巴基斯坦領土而逃難至印度。Punjabi Basti 的居民雖以印度裔為主，但因僅與 MT 相隔一座天橋，也有不少流亡藏人在此居住，許多青年藏人在 Punjabi Basti 租屋，相較於在 MT 一個月房租要五千盧比，這裡只需三千盧比，不僅租金低廉，生活機能也較好。若將德里流亡藏人的主要生活空間想像成一座城市，MT是吸引資本投入的核心商業區，Punjabi Basti則是蛋黃區外的蛋白區，滿足都市人們生活需求的空間。

不同於MT觀光旅宿業的蓬勃，Punjabi Basti有的是更為日常的生活樣貌。Punjabi Basti裡的市場，有新鮮的蔬菜肉品，是我採買每日食材的首選，街頭巷尾還有許多販賣香料、鍋碗瓢盆的小攤販，也有店家提供縫衣、修理電器、家庭理髮等服務，這些都是在MT看不到的經濟活動。特別的是，Punjabi Basti的

Punjabi Basti的街道風景。相較於MT發達的觀光旅宿業，這裡的商業活動以提供民生必需品為主。

街上甚至有幾間專門修改藏式服飾的印度裁縫、提供藏人家鄉味的食品材料行，還有幾棟興建中的出租公寓，這些相關於流亡藏人食衣住行的服務，皆與 MT 的高度商業發展息息相關。

至於同樣被包含在 Majna-ka-tilla 廣泛意義下的 Old Chandrawal，是英國殖民時期政府安置建造國家行政中心（Central Secretariat）工人的地方。但由於 Old Chandrawal 不屬於流亡藏人的活動範圍，就不在此深入討論。

難民庇護所：Budh Vihar

MT 之所以成為流亡藏人的難民空間，並非純粹的偶然，而是基於當時印度政局與歷史文化淵源作出的

不同語境中指稱 MT 的不同命名

國家行政用語		俗稱	日常用語	特性
Majnu-ka-tilla	New Aruna Nagar（印度政府） Samyeling（流亡政府）	Tibetan colony 小西藏 西藏村 Majnu-ka-tilla	MT Majnu-ka-tilla	觀光化的流亡藏人族裔空間
	Aruna Nagar	Punjabi Basti	Punjabi Basti	流亡藏人的日常生活空間
	Old Chandrawal			無

「歷史選擇」。要理解 MT 的前世今生，就必須追溯至 1960 年代，印度剛脫離英國殖民、正在建造「新印度」的時期。不過在正式進入 MT 前，我想先介紹 Ladakh Buddhist Vihar，是 MT 成為都市難民空間前，德里最早的西藏難民營。

Ladakh Buddhist Vihar 即拉達克佛寺院，當地人稱為 Budh Vihar，位於 MT 南方三公里，與 MT 一樣東臨亞穆納河畔，西臨新德里外環道，是一個規模不小的聚落。從 Budh Vihar 主入口進入後，會先見到位於南側的僧院市集（monastery market，俗稱 refugee market），北側是 Tara Devi Colony 住宅區，中心有一座拉達克寺院。Tara Devi Colony 住宅區是由約四、五十棟鋼筋混凝土連棟建築組

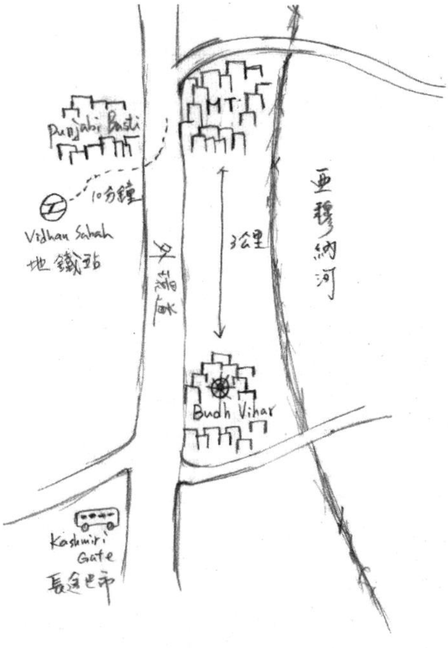

Budh Vihar 與 MT 的環境條件類似，兩者相距不遠。

成，居民有拉達克人及流亡藏人，當中有幾間辦公室與一間度母寺（Tara Devi temple）。僧院市集以販售廉價服飾聞名，從三層樓高的商貿大樓可以看出過去曾是繁華的商業區，不過如今前來購物的消費者寥寥可數，大多已轉租給印度人經營。此外尚有一間餐廳、一間佛具店、兩間旅行社、幾間雜貨店與「西藏難民接待所」。

拉達克入新印度：Budh Vihar 的任務

1947 年印度獨立時，拉達克（Ladakh）為查謨克什米爾王國的一部分，並不屬於印度領土，爾後隨著印巴衝突愈演愈烈，查謨克什米爾王國在 1952 年被劃入印度的一邦，拉達克也因此被納入印度版圖。因拉達克曾被查謨克什米爾王國征服的過往，兩者之間原本就存在相當緊張的關係，又由於雙方穆斯林政權與佛教傳統的差異，當時拉達克的政治宗教領袖巴庫拉仁波切（Bakula rinpoche）[29]為了強化拉達克的自主權，開始積極與印度中央政府建立關係。

過去，拉達克與南亞大陸的交流不深，主要的政經與社會文化連結圍繞在喜馬拉雅山區，因此對剛加入印度的拉達克而言，首要任務便是在德里建立據點，使拉達克人在印度首都有一個安全的駐地，進而促進拉達克與印度社會在政治、宗教、文化各方面的整合，Budh Vihar 即是當時印度政府劃給拉達克人居住的區域。在德里尚未擴張的 1960 年代，Budh Vihar 僅是一塊位於市郊、荒煙蔓草的河埔地，並不適合居住與發展。當時巴庫拉仁波切曾向印度獨立後的首任總理尼赫魯（Jawaharlal Nehru，任期為 1947 年至 1964 年）請求能以更靠近市中心的土地為據點，然而尼赫魯總理向其表示，未來會在 Budh Vihar 一公里外的 Kashmere Gate 設置長途巴士的邦際轉運站（Inter-state bus terminus，I.S.B.T.），方便南北長途跋涉的朝聖者，鄰近地區也會隨之發展，因此說服了巴庫拉仁波切[30]。Budh Vihar 中心的拉達克寺院在 1963 年正式建成，由尼赫魯總理剪綵，並在寺院後方種下象徵佛陀悟道的菩提樹。

29 — 第十九世巴庫拉仁波切（Bakula rinpoche）是拉達克末代國王的直系後裔，來自於拉達克格魯派的寺院 Spituk。作為拉達克的政治領袖，巴庫拉仁波切積極參與宗教與國家事務，曾擔任印度議會議員，晚年代表印度駐蒙古大使，於藏人流亡印度時扮演重要角色。

30 — 請參考 Dodin, Thierry, 2002, "The Ladakh Budh Vihar of Delhi: The Fate of a Ladakhi Outpost in The Indian Capital." *Tibet, Past and Present: Tibetan Studies 1*, ed. by Henk Blezer, pp.387-413。

Ladakh Buddhist Vihar 的入口。與 MT 不同的是，此處沒有三輪車司機爭客的喧囂景象，僅有幾位印度籍司機候客，而靠馬路這一側，則因都市規劃被高架道路橫切為兩個區域。

Budh Vihar 在成立之初被賦予三項任務。首先，要將 Budh Vihar 作為拉達克駐德里辦事處，使拉達克於政治上得以越過查謨克什米爾邦政府，與中央政府直接溝通；其次，因當時拉達克尚未被納入現代化經濟體系，人們經濟條件普遍不佳，許多拉達克人為了躲避寒冬、買賣批貨或宗教朝聖而來到德里時，只能露宿街頭，所以 Budh Vihar 被賦予的第二項任務是成為拉達克人到德里旅行時的安全庇護所；第三項任務，也是最重要的一項，便是要將佛教信仰重新帶回南亞大陸，促進拉達克與印度社會之間的文化交流[31]。然而在這三項任務中，並不包含安置西藏難民。

Lama Lobsang是最早的Budh Vihar負責人，畢業於鹿野苑佛教大學的他，熟習英語與印地語（Hindi，印度官方語言之一，主要使用於北印），也習慣印度熱帶低地的環境與南亞大陸的生活方式，因而由他扛下促進Budh Vihar與德里結合的重任。他最初在Budh Vihar推動教育工作，為了維護佛教傳統與促進不同文化之間的交流，規劃成立佛學中心、寺院與學校。Lama Lobsang在推廣佛教內涵之外，也派了一批拉達克青年留學生到德里學習現代知識，以期促進拉達克的現代化。

兄弟情誼：拉達克與流亡藏人

當時藏人的流亡路線，多半是翻越喜馬拉雅山到達尼泊爾、不丹、錫金（Sikkim）邊界後進入印度，經過一連串的接待、檢查、分類，一路從東北印度轉送至其他藏人定

31 同註30。

居區。在移動的過程中，位屬北印交通中心的德里成為北往達蘭薩拉、德拉敦（Dehradun）、比爾（Bir）或南往班加羅爾藏人定居區的轉運樞紐，是藏人前往各安置空間的必經之地。

一開始，大約有三千名流亡藏人逃至德里，在缺乏資源與制度安排的狀態下，他們的生活處境相當惡劣，於是尼赫魯總理的女兒英地拉甘地（Indira Gandhi）[32]便與巴庫拉仁波切商議對策，基於文化歷史的親緣性[33]與對難民的同情，巴庫拉仁波切在 Budh Vihar 成立流亡藏人接待所（Transit camp），提供食物、衣物、醫療等資源照護。不過，當時的想法是提供「暫時性」庇護，迅速緩解難民的生存問題，預期之後會再將流亡藏人安置至其他定居區，或使其返回家鄉[34]。

當時流亡藏人滯留德里有幾大原因：首先，流亡藏人普遍抱著短期內能回到西藏的想望，傾向留在中印邊界或交通方便處（首都德里），不想前往距離故鄉遙遠的定居區；其次，有些受安置在南印卡納塔克邦的藏人，因不適應當地濕熱的環境，飽受水土不服、傳染疾病之苦，再加上南印與達賴喇嘛所在的北印相距甚遠，許多藏人拒絕南遷；第三，許多定居區仍處未開發狀態，並不適合生活及居住，更不利謀生，許多家庭會派一名成員到都市打零工、經營小生意來補貼生計，第四，1962年中印戰爭爆發，中國軍隊越過麥克馬洪線入侵印度東北邊境特區（North-East Frontier Agency）[35]直逼阿薩姆（Assam），住在藏南邊境的藏人因戰亂再次逃亡。戰爭結束後，到德里避難的藏人大多離開了，但擁有眾多嘉絨藏人[36]追隨者的貴族多杰佩桑（Gyalrong Trochu Dorje Pelsang，曾代表安多地區擔任流亡政府第一屆的議會議員）留在Budh Vihar，使許多嘉絨藏人選擇與其一同留下，而不願被安置到其他定居區[37]。最後一個導致藏人留在德里的原因是，原本預期流亡藏人們在Budh Vihar短暫停留後，便會轉往其他定居

32——英地拉・甘地為印度首位女總理，曾擔任第五任（1966-1977）與第八任（1980-1984）總理，為印度建國總理尼赫魯的女兒。

33——文化親緣性（culture affinity）：是指不同族群因文化相近而產生的親近性，如共同的宗教、語言與食物。拉達克與西藏的地理位置相鄰，同樣以藏傳佛教為主要信仰，語言相似，過去有頻繁的貿易往來，只是因現代國家的疆界劃定，分別隸屬於不同國家。

34——同註30。

35——東北邊境特區（North-East Frontier Agency）位於麥克馬洪線以南的喜馬拉雅地區，為中印邊界東線主要爭議區域，今屬阿魯納查爾邦（Arunachal Pradesh）。

36——嘉絨藏人為藏族的一支，主要生活在四川省阿壩藏族羌族自治州和甘孜州，在流亡政府的劃分中，大多被歸類為安多（Amdo）藏人，部分屬於康巴（Kham）藏人。

37——同註30。

區，但在其他安置空間供不應求，而且返回西藏遙遙無期的狀態下，許多流亡藏人只能在漫長的等待過程中，無限期滯留德里。

在流亡之初，尼赫魯總理對達賴喇嘛的友善、印度社會對佛教的親近、西方世界對流亡藏人的支持，以及西藏與拉達克之間於歷史、文化的親緣性，成為藏人落腳德里最有利的黏著劑。在歷史的機緣巧合下，藉由 Budh Vihar 的接應[38]，消除了當地居民對難民的懷疑與排斥，使其能夠得到相對友善、積極的對待，有機會建立強韌的族裔社群，並發展出蓬勃的經濟活動，成為在 MT 前，德里最早的西藏難民營。

難民空間的發展

在印度政府、拉達克政府與拉達克居民的協助下，Budh Vihar 成為 1960 年代初流亡藏人在德里的重要聚居地。由於藏人持續流亡印度，腹地狹小的 Budh Vihar 很快就擠滿需要援助的流亡藏人，必須尋求新的安置空間。

1963 年，Budh Vihar 已經無法收容更多流亡藏人，當時尼赫魯總理以「口頭」承諾要將距離 Budh Vihar 北方約三公里的河埔地，作為流亡藏人的安置地，而這塊河埔地便是今日的 MT[39]。重新安置的工作同樣是由 Lama Lobsang 主持，當時 MT 僅是一塊缺乏開墾、不適人居的河埔叢林，旁邊緊臨錫克教墓園。早期對 MT 的描述不外乎是貧民窟、殘破之地或是簡陋棚屋，骯髒炎熱的環境與無時無刻縈繞在身邊的蚊蟲，對曾在 MT 生活過的藏人來說，簡直如噩夢一般[40]，因此流亡藏人大多不願前往，社群活動的重心仍以 Budh Vihar 為主。

然而在近六十年後的今天，MT 已取代 Budh Vihar 的地位，成為德里流亡社群的核心。為什麼流亡藏人會放棄條件較好的 Budh Vihar，將社群重心完全轉移至 MT？這除了與都市發展有關，更關聯於族群關係的變化。

今日 MT 的人口組成，主要生成於幾次結構性遷移。第一波是印度政府為了因應日

38 — Budh Vihar 僅是體現拉達克與流亡藏人兄弟情誼的實例之一，事實上，拉達克政府不僅在第一時間積極地協助流亡藏人，更分別在列城與羌塘設立定居區，安置人數超過七千名。

39 — 根據桑耶林辦公室主席訪談，流亡藏人大約於 1961 年來到 Budh Vihar，1963 年擴增 MT 為居所。

40 — 流亡藏人紀錄片導演回憶文章"Neighbourhood: Majnu Ka Tilla"，請參考 http://whitecranefilms.com/writing/neighbourhood-majnu-ka-tilla/，取用日期：2018年10月9日。

益增多的流亡藏人，將 MT 作為 Budh Vihar 的第二安置所；第二波大規模的人口移入發生在 1981 年，當時印度德里因次年主辦的亞洲運動會（Asian Games）進行城市更新，為了拓寬城市外環道與搭建高架穿越道，徵用 Budh Vihar 西側的土地，使原本住在路旁樓房的居民被遷移到 MT；第三波遷移在 1989 年，此波遷移肇因於拉達克人深受佛教傳統影響，視商品零售為買空賣空的行為，因此，仰賴批發零售服飾維生的流亡藏人，被拉達克人認為是逐利、狡猾的人，背離了佛教傳統，也背離拉達克人對流亡藏人的同情，兩個族群之間的仇恨日益增生，在 1989 年巴庫拉仁波切造訪 Budh Vihar 時，終於爆發嚴重的族群衝突。當時拉達克人為了維持佛教徒的形象要求藏人撤下攤位，但遭到藏人拒絕，許多藏人攤位被憤怒的拉達克人砸毀，雙方因而結下樑子[41]。衝突過後，流亡藏人將社群重心逐漸移往尚待開發的 MT。而 MT 人口最後一波移動則是在流亡社會參與現代化與全球化過程中，從邊緣湧入核心的都市移民。

1990 年代前：以零售經濟為主要收入來源

在 1990 年代前，MT 藏人的經濟來源除了國際援助外，還來自販售饃饃（momo，

饃饃是 MT 著名的街頭小吃，口感與做法與蒸餃類似，對印度人而言是極具特色的族裔點心。

藏式包子）與青稞酒（chang）的收入。饃饃是一種流亡社會常見的街頭小吃，由於營業的資金門檻不高，沒賣完的食物也能餵飽自己，至今仍是許多缺乏資源的流亡藏人賴以維生的選擇。青稞酒是以青稞為原料釀造的酒精飲料，因德里炎熱的氣候可加速釀酒發酵，使原本在高寒地區需要一周發酵期的青稞酒，在此只要三天左右就可以完成，產量相當豐沛。早年MT藏人製造的廉價青稞酒，廣受印度勞工階層如三輪車夫、建築工等喜愛，但隨印度政府限制酒類生產與販賣，達賴喇嘛也勸戒藏人不要販酒與飲酒，現今MT幾乎沒有商家在販售青稞酒了。不過，自製自售青稞酒、饃饃的零售經濟，的確有

41——同註30。

助流亡藏人生計，使他們在MT安頓下來，也稍微提升了生活水平。但相較於今日的高樓林立，那時的MT仍稱不上適宜人居，等到經濟模式改變，粗糙的塑膠棚屋才開始被堅固的磚瓦泥牆逐漸取代，髒亂不堪的環境與衛生獲得大幅改善。

當時MT寺前廣場周圍與新營區[42]的建築多為低矮的平房，直到近二十年才出現四、五層樓的現代建築，發展至今，MT幾乎全是四層樓以上的現代建築，比起鄰近社區顯得更為都市。熱絡的商業活動吸引了許多印度攤商來此謀生，有

不只是流亡藏人會以販售饃饃為生，也包含印度小販。這台機車攤販的看板上寫著印地文，並印有印度神像。

些印度人經營旅行社與匯兌店，有些則以流動攤販的形式穿梭於街頭巷尾，如磨刀師、掏耳人[43]、水果小販等等。主要的商業區從寺院前廣場一路向北延伸至新營區，但南側依舊是低矮房屋與殘舊景象，在我造訪的那兩年，已有許多開發工程正如火如荼地進行，如今應已形成新的商業街廓。

沿街拉客的掏耳人。他們沿街叫喊的聲音是我在 MT 最熟悉的聲景。

42 — MT 以桑耶林辦公室（Tibetan Welfare Association，也稱 Samyeling office）為界，以南的地區稱為舊營區（old camp），往北為新營區（new camp）。

43 — 我在 MT 時很怕與掏耳人對上眼，因為只要一對上眼，他便會不斷比劃著你的耳朵，直到你心裡感到不舒服而「揪」了一下。雖然我常模仿掏耳人的叫賣聲騷擾朋友，但我始終沒勇氣去體驗。

1990-2020 年：逃過一劫的 MT

與其他正式的定居區不同，在某種意義上，MT 是被難民非法佔用的河埔地，並未受到明確的法律規範，印度政府不直接介入 MT 管理，而是將其「懸置」在正常法律之外，僅是「暫時」容許流亡藏人於此生活。MT 的土地所有權仍隸屬印度中央都市發展局，由德里發展局管理，並保有必要時「任意處置」的權力。如前所述，MT 的形成源於尼赫魯總理的「口頭承諾」，當時計劃在正式定居區成立後，重新安置 MT 的流亡藏人，因此並未給予制度性的保障。不過現實的狀況是，安置速度遠不及增加的速度，正式定居區面臨人口飽和，又不知何時可歸返西藏，在漫長的等待與滯留中，流亡藏人便在定義不明的狀態下，在 MT「長期」住了下來。

1990 年，印度外交部會試圖將聚落遷至德里市郊，引起當時居民強烈反彈，流亡藏人與地方領袖、NGO 組織組成請願團體，不斷在中央、邦、地方政府之間來回遊說。1995 年，印度中央都市發展部最終決定暫緩計畫，給予「受到妥善安置前不會進行驅逐」的保證。然而到了 2006 年，印度政府為了籌備即將於 2010 年在德里舉辦的大英國協運動會（The Commonwealth Games）展開大規模都市更新，在道路擴張與亞穆納河的整治計畫中，預計清空距離河岸三百米內的房屋。這項規劃幾乎要剷除 MT 的所有建築物，使當時的 MT 再次陷入被拆遷的危機[44]。當時的德里市首長與議會發表聲明聲援 MT，強調安置流亡藏人對城市帶來的正面意義。面對這場印度中央政府與地方政府之間的角力，MT 最終在「持續援助流亡藏人」的支持聲浪中逃過一劫，而許多其他同樣位於亞穆納河邊的非法佔居地，則無此幸運。

當時德里有 1,639 個非法佔居地，為了管理，德里政府頒發「臨時許可證」給其中 1,218 個非法佔居地，暫時解除 MT 的被拆遷危機。到了 2012 年，德里政府頒布正規化證明（regularization certificates）給其中 1,018 個非法佔居地，MT 也名列其中。到了 2013 年，MT 更被列為 895 個待正規化（to-be-regularised colonies）的地區，從原本的化外之地逐漸被納入體制內[45]。迎向空間的正規化，也意味著印度政府轉向積極的介

44 — 請參考 Le Houérou, Fabienne, 2018, "The Tibetan Ethnic Enclave in New Delhi a Visual Perspective." *Sociology Mind* 8: 203-220.

45 — 西藏之聲報導"Delhi Tibetan Colony to be Regularized"，請參考 http://www.voatibetanenglish.com/a/1497309.html，取用日期：2018 年 5 月 24 日。印度時報報導"Happiness and discontentment"，請參考 https://www.hindustantimes.com/realestate/happiness-and-discontentment/story-qMvFwXD59srE8S5UGkkFRO.html，取用日期：2018 年 5 月 24 日。

入，重新將原本模糊使用的土地，定義為可管理的空間。

流亡藏人剛到MT時，這裡只是一塊被叢林泥灘覆蓋之地，缺乏現成的居住空間，因此當時最重要的工作是拓整適當土地，搭起簡易棚屋以安頓生活。但那時環境過於惡劣，沒有人想長久待在此，只是將這裡視為暫時居住地，沒有明確劃定房屋與土地的所有權，家家戶戶各自佔地築屋。

隨著滯留的時間增長，原本只想暫居的流亡藏人，後來卻成了MT的永久居民，而不適人居的荒地也發展成經濟蓬勃的商業區，有了買賣、投

大雨過後的亞穆納河畔，岸邊的棚屋住著巴基斯坦難民，時常會到在MT乞討，有時也販售自家種植的蔬菜。

資與建設土地的需求，將土地與財產歸屬的問題擺上檯面。過去，因印度法律的長期缺席，MT 流亡社會已然形成一套內部土地管理制度，直到 1990 年在印度政府的要求下，MT 地方自治組織才第一次地毯式普查 MT 的土地、房屋，要求住民詳細登記每塊土地大小、樓高、持有者與其家庭人數，並以書面土地清冊的方式列管。

根據 2007 年的土地清冊[46]，MT 總共有 385 個土地持有者，分別為個人、寺院、團體所持有，土地僅限流亡社群內部交易。當我問起印度政府如何看待 MT 的土地清冊，在本地居民協會（New Aruna Nagar Resident Welfare Association）[47]工作的噶瑪（Karma）強調：「MT 的每一塊土地使用都是有憑有據的，由特定的持有者所擁有，並非毫無秩序的狀態，只要印度政府願意來看，所有文件都準備妥當。」這段話中那句「只要印度政府願意來看」道破了 MT 土地清冊的合法性問題——MT 土地清冊因缺

46 — 我在田野期間調閱的土地清冊為紙本資料，是 2007 年本地居民協會為了申請印度政府的正式授權而製作，用以證明土地為藏人所用，上面名列所有土地的所有權人與家庭資料。

47 — 本地居民協會的前身為 MT 最早的政治組織，成立於 1965 年，由 MT 的本地居民組成，2004 年向德里都市發展局註冊成為本地居民協會。起初，自治組織組成的目的為團結 MT 的居民參與各類活動，包含成立互助會、舉辦法會、接待僧人等等。主席由擁有 MT 土地的居民選舉產生，從 1965 年開始到 2018 年，已經選出二十屆的主席。七名職員都是未給薪的自願者，其中一名為僧院代表。

乏印度法律的背書，其效力僅限於地方社群之內。對於印度政府而言，本地居民協會雖是合法註冊的法人機構，但其製作的土地清冊並不具法律效用。嚴格來說，MT 當前處理土地財產所遵循的規則，僅是依據過去脈絡而產生的「習慣法」。

如此曖昧、模糊的土地使用方式，乃是國家治理「懸置」的結果。在我到訪的 2018 年，MT 的土地買賣都是向本地居民協會登記，財產轉移紀錄也是由本地居民協會負責保管與認定，只要印度政府不強制徵回土地或介入管理，本地居民協會製作的土地清冊便是 MT 土地使用最具公信力的文件。無論如何，即便印度政府從未承認任何的土地財產權，藉由土地清冊確立的所有權，已使 MT 土地抽象化為可被個人、家庭、組織擁有的「私有財產」，構成土地買賣與繼承的基礎，並成為資本投資的標的。

脫離經濟依賴：二次流亡下的資本積累

當西藏全面淪為中國政府控制，流亡藏人遲遲等不到返鄉的日子，Budh Vihar 與 MT 幾乎沒有「再分配」、「轉運」藏人的可能，只能從暫時停留的空間轉變為「必須安身立命的地方」，就在被迫延長的「暫時狀態」中，MT 隨著德里城市發展，逐漸擺脫依賴外界資源的處境，將積攢而來的資金投入建設，發展出相對自主的經濟模式。不過，經營街頭小吃等的經濟活動僅能夠維持家戶日常開銷，並不足以快速積累建設不動產的龐大資本，MT不動產開發的資金多是來自財力雄厚的社團組織或寺院，或是以家戶為單位積累的海外匯款與財產繼承，兩者皆與藏人的二次流亡相關[48]。

為了取得更好的生活，不少流亡藏人選擇再一次向西方國家流亡，以販售土地取得移居西方的資金。在這過程中，許多資金雄厚的宗教、地緣

地上四層、地下一層的現代購物商場，販售流行服飾、珠寶等，也有一間美髮沙龍。

48 因印度缺乏足夠的就業與生涯發展機會，許多流亡藏人傾向再次流亡至西方國家，無論是透過正式管道取得庇護，或以非法管道偷渡。根據流亡政府 2009 年的統計，約有 18,999 名流亡藏人居住於印度、不丹、尼泊爾之外，以美國、加拿大、法國、瑞典等西方國家為主，佔總流亡人口的百分之十五，請參考 CTA, 2010, Demographic Survey of Tibetan in exile -2009. Dharamshala: CTA.

組織開始向原居民收購土地，透過整併零散土地，創造出建造大型旅館與商場的空間。我在 MT 住的旅館便是寺院分別向三位不同地主收購零碎土地，再整併建成的四層樓建築物，規劃有三十間客房、一間雜貨店、一間餐廳與一間旅行社。三位喇嘛負責管理旅館與雜貨店，餐廳與旅行社則出租給他人經營。四水六崗（Chushi Gangdruk）[49]則在 MT 最北邊建造了六層樓（含地下室）的現代商業大樓，是 MT 最具規模的建築物，地下室與一、二樓共有二十六間店鋪，包含旅行社、服飾店、咖啡店與牙醫診所，三樓以上是中餐廳與旅館。2018 年，MT 類似的商業大樓約有二十一棟[50]。

除了各團體組織經營的商廈外，MT 絕大部分的土地仍屬於家戶擁有，但以家戶為單位籌措的資金較少，多半只能在自家原有土地上開發，建築物規模也相對較小，噶瑪家族用來建設旅館的資金，便是由移居西方的阿姨資助。雖然噶瑪的阿姨移居國外多年，但仍與留在印度的家族成員保持聯繫，會定期匯款資助家族，由於西方國家與印度在薪資所得有巨大差距，這些海外匯款很快便累積到足以建造旅館的資金，同時，因家族成員的遷出，原本用來居住的土地也被釋放出來，成為噶瑪家族建造旅館的用地。

明瑪（Mingma）建設房屋的資金雖然不是來自海外匯款，但也與家族人口外移有關。MT 的土地最初是以家戶為單位分配，由於早期藏人家族體系龐大，一個家族大約有十至二十位的成員，每個家族平均能分配到二至三塊土地，當家族成員陸續移居海外，留在印度的人就成為家族土地的繼承者。繼承許多土地的明瑪，透過販售繼承的土地籌得建設資金，在土地上蓋起三層樓透天房屋，一樓開早餐店，其他樓層作為起居空間，規模雖不比僧院經營的旅館商鋪，但已大幅改善他原本的生活條件。

在 MT 人口大量外移的過程中，土地從原本的一家一戶中釋放，成為家戶可以挪動的資本、生產工具與投資標的，形成為 MT 發展商業的利基。隨著德里的快速發展，MT 流亡藏人的經濟條件也開始有了天翻地覆的改變。

根據 CTA 的統計，1998 至 2009 年共有 9,309 人移民海外，其中以青年流亡藏人為主，推估到了 2020 年，海外藏人將會佔流亡藏人總人口的 47%[51]。對於流亡社會面臨的嚴重人口外移與人力資源流失問題，流亡社會研究者次旺仁增（Tsewang Rigzin）在

49 — 四水六崗（Chushi Gangdruk，ཆུ་བཞི་སྒང་དྲུག），為當初護送達賴喇嘛流亡印度的武裝組織，成立於 1957 年 5 月 20 日，主要成員為康巴藏人。

50 — 資料來自本地居民協會製作的土地清冊紀錄。

51 — 請參考 Rigzin, Tsewang, 2016, *The Exile Tibetan Community: Problems and Prospects*. Dharamsala: The Library of Tibetan Works & Archives. p.22.

流亡政府出版物 *The Exile Tibetan Community: Problems and Prospects* 中提到[52]，當海外匯款成為支撐流亡社群的重要經濟來源，將造成流亡藏人過度依賴，致使個人經濟能力下降與社群停滯發展。然而在 MT 的例子中，我們或許看見了不一樣的可能。

這些海外的匯款被有效的投資在旅館、餐廳的建設，將土地改造為具有生產力的工具，在經濟蓬勃發展的德里，海外匯款不只提升了個人及家庭的生活品質，也被運用在具體建設，成為地方商業化發展的動能。在此過程中，流亡藏人的家族扮演了關鍵角色，移居海外的藏人並沒有與留在印度的家人切斷聯繫，而是將外部資源沿著親屬關係回流至流亡社會中。

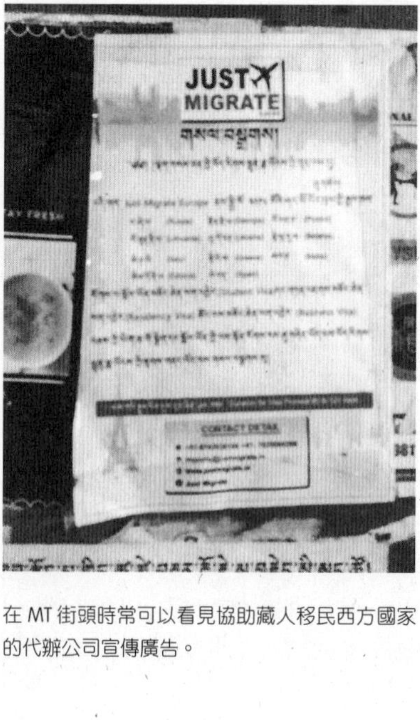

在 MT 街頭時常可以看見協助藏人移民西方國家的代辦公司宣傳廣告。

難民空間的商業化：規劃新營區

前面提過，在 1981 年，德里為了籌辦亞洲運動會展開都市更新，不僅影響 Budh Vihar 的流亡藏人搬遷至 MT，也讓住在 MT 南側的居民向北移居。原本緊鄰 MT 的馬路只是一條窄小黃土路，不利人車通行，德里將其拓寬為六線道提供大量汽車通行，並因此拆除了三十三間房屋。原地居民北遷，MT 變成今日南北狹長的空間[53]，由南至北約四百五十公尺，最寬處約一百公尺，並分成十二個區塊，以桑耶林辦公室為界，往北稱為新營區（New Camp），以南為舊營區（Old Camp），舊營區保留了早期沿著樹木、地形變化而建的屋舍、蜿蜒的巷弄與適合玩耍乘涼的大樹，呈現有機生長的聚落型態。然而在 1994 年，舊營區發生大火，當時房舍毗鄰且巷弄窄小，消防設施無法進入迅速撲滅火勢，造成地方嚴重的財產損失，因此在開發新營區時，居民特別留意消防安全。

52 — 請參考 Rigzin, Tsewang, 2016, *The Exile Tibetan Community: Problems and Prospects*. Dharamsala: The Library of Tibetan Works & Archives. pp.23-24.

53 — 請參考 Balasubramaniam, Madhura and Sonika Gupta, 2019, "From Refuge to Rights: Majnu ka Tilla Tibetan Colony in New Delhi." kritisk etnografi – Swedish Journal of Anthropology 2(1-2):95-109.

M.T. 外的六線道大馬路，白天時間車水馬龍，左側攤位是每星期六才有的跳蚤市集。

由於當時的新營區是一片荒地，現代化設計不必協商舊有的空間紋理，因為沒有公權力介入，能順利執行規劃好的街區藍圖。新營區的街道由一條約五米寬的主幹道與連接聯外巷弄串連而成，並在河岸邊增開汽車可通行的馬路，從空中俯瞰就像魚骨般規整，相互垂直的街道將空間切割為一塊塊整齊的「街區」，萬一發生意外，即可以快速疏散居民，也能讓消防隊在第一時間抵達救援。

如今，從MT的一號門進入，鑽過小巷、穿越寺院前廣場到主要商業區，愈往北向新營區走，商店的密度就愈高。在新營區裡，觸目可及都是高懸的店家招牌，有各式零售商店、餐廳與旅館等，反觀舊營區則幾乎沒有觀光旅宿業，只有小吃店、雜貨店、理髮店等以居民為主要服務對象的小型經濟活動運作。如此截然不同的結果，便是因為新營區現代化的街道設計，為商業發展提供有利條件，規整的土地提供大面積整併的可能性，良好的消防規劃不僅解決了安全疑慮，也讓商業物流、觀光遊客得以順暢流動，吸引較具規模的商家在新營區落腳。不過，如今新營區的發展也趨近飽和，流亡藏人準備開始整治舊營區，但得面臨土地取得、重劃、再分配的難解問題。

鑲嵌南亞核心的族裔飛地

隨著德里成為南亞的政治經濟中心，人們因經濟、政治、宗教、教育、交通等需求湧向都市，使MT不再只是安置難民的空間，而成為一個被賦予多重功能與意義的都市空間：從流亡藏人的都市避風港、喜馬拉雅山區居民跨區域移動時的轉運站，乃至城市消費者的休閒空間，與旅行者追求異國情調的觀光地。

流亡的交通樞紐

印度是由二十九個邦（state）與七個聯邦（union territory）組成的國家，不同邦、農村與城市、南印與北印之間有著高度的社會文化差異，以語言為例，印度並沒有統一的國家語言，印地語（Hindi）及英語雖為官方常用語言，但印地語主要的通用範圍僅限於北印度，南印度是屬於達羅毗荼（Dravida）語系的通用範圍，英語則是受教育階層才熟悉的語言。流亡藏人的定居區主要在北印的喜馬偕爾邦與南印的卡納塔克邦，除了距離德里遙遠，彼此的語言、文化、氣候環境也有巨大的差距，雖然已有不少青年藏人曾到印度大學讀書，或曾在印度企業工作，對印度主流社會文化並不陌生，但對生活範疇侷限在流亡社會內部的藏人來說，即使已在印度生活多年，德里仍是充滿隔閡與未知的地方。時至今日，仍時常聽見流亡藏人訴說對德里的恐懼，強調在這巨大、複雜且充滿未知的都市中，MT 才是他們旅途中唯一能安心歇腳的地方。

我與曲珍（Choedon）相識於達蘭薩拉，當時是應另一個朋友塔益（Thaye）的邀請去她家吃火鍋而熟識。等待美國簽證的曲珍，後來成了我在達蘭薩拉最好的地陪，我們白天一起去上課，下午到大昭寺轉經，天黑後就隨意買些蔬菜回家煮飯。年紀與我相仿的她流亡印度已十多年，過去的時光大多待在西藏學校，因不會說印地語，除了MT，曲珍幾乎沒去過德里的其他地方，無論購物消費、約會碰面，MT已能滿足她到都市活動的所有需求，最重要的是，在這裡她能用藏語向老闆討價還價，享受閒話家常的樂趣。

曲珍常跟我說些關於德里的騙子、小偷、毒水、傳染疾病的故事，我追問後才知道這些故事都是從朋友那兒「聽來的」，不免有誇大渲染的成分，可是對沒去過那些地方的曲珍來說，已形成宛如真實的恐懼，在心底將德里塑造為瘴癘之地。經營攤販的央宗（Yangzom）[54]在德里已住了十多年，但丈夫札西（Tashi）仍不放心她一個人到南德里的批發市場批貨。每當我在市區逛了幾圈回來與她分享哪家知名餐廳或景點，央宗總是回：「我沒去過，一個人不安全」。

由於流亡社會南、北印相隔，使作為北印度交通樞紐的德里成為銜接南北流亡藏人

54 — 央宗是我在MT最重要的藏人朋友，我兩次到訪都圍繞著她生活，第三章對她有更詳細的介紹。

的必經之地，位於德里的MT因交通方便而獲得絕佳的發展機會。隨流亡社會的商業與宗教活動日益蓬勃，南來北往的旅行者在MT產生大量住宿餐飲需求，幾乎所有新建築物都規劃成「旅館＋商鋪」的型式[55]，消費者多是因經濟、文化活動而遠行的商人、喇嘛、學生。在我的田野期間，下榻的旅店幾乎每天客滿，走在MT的街道上，無時無刻都會看到背著行囊的喇嘛忙碌著宗教事務、朝聖者在街上尋覓美食。為了參加法會、朝聖與傳遞佛法，僧人與朝聖者頻繁地來回於各大寺院、藏人據點與佛教聖地，在長途跋涉的過程中，他們不約而同選擇在MT休息數日，再轉往達蘭薩拉或其他地點。每年學校放寒假到藏曆新年這段期間，是MT各種商業活動的旺季，旅館總是一床難求，像是流亡藏人獨特的毛衣經濟，便為冬天的MT帶來大量住宿需求。根據統計，約有七成[56]的流亡藏人在每年冬天前往盧迪安納（Ludhiana）或德里的批發市場取貨，再將大批貨物如毛衣、圍巾、毛帽等冬季禦寒衣物帶到不同城市的西藏毛衣市場零售，直到藏曆新年前才返回原居地。在這移動過程中，無論搭乘飛機、巴士或火車，德里皆為最重要的轉運站。

文化親緣性的黏著

由於流亡藏人的定居區大多地處偏僻，缺乏發展機會，因此有多所大學的德里，就業機會也較多，吸引許多北印藏人青年來此就學與覓職[57]，並選擇在交通便利、治安及衛生環境較好的 MT 租屋，如果預算較低的，就會住到對街的 Punjabi Basti。Punjabi Basti 與 MT 只隔一座天橋，但房租與消費水平比 MT 便宜不少。其他散居在德里的藏人每到假日也會邀約三五好友到 MT 聚餐、喝咖啡、逛街，合胃口的餐點、熟悉的藏語、飄揚的風馬旗與藏傳寺院，這些親切感的人事物讓 MT 成為流亡藏人唯一能夠「舒緩鄉愁」（feel like home）的地方。作為德里流亡藏人結群、相互照應與實踐文化信仰的空間，MT 如同藏人流亡社會中的「都市」。

過去，因文化相近，流亡藏人受到拉達克人接納而落腳德里，如今，隨著觀光旅宿業漸漸成熟，MT 的名聲逐漸遠播到非藏裔客群，這些來自不丹、尼泊爾、錫金、大吉

55 — MT 的觀光旅宿業是在 1990 年代才開始萌芽，當時只有零星幾間旅館，與今日旅館林立的景象不可同日而語。

56 — 西藏流亡政府對於流亡藏人經濟活動的描述，請參考 https://tibet.net/about-cta/tibet-in-exile/，取用日期：2021 年 3 月 24 日。

57 — 南印的班加羅爾與北印的德里為流亡藏人尋求工作機會的兩大城市。

嶺、拉達克等地的喜馬拉雅山區旅行者，同樣不熟悉德里的環境、交通、語言、飲食與文化，最需要的就是語言相通的旅行社提供其能安全住宿的旅館、合乎胃口的餐廳與值得信任的商店。喜馬拉雅山區鄰近西藏，彼此在政治、經濟、宗教有頻繁的交流，再加上藏人流亡印度後，許多定居區設立在喜馬拉雅文化圈，在當地流亡藏人的穿針引線下，與流亡社會保持一定的文化親緣性，MT 作為流亡藏人在德里的族裔飛地，自然成為能滿足喜馬拉雅地區旅行者旅行需求、安心活動的地方。

　　來自拉達克、從事導遊工作的斯丹甄（Stanzin）[58]是印度公民，他因工作需要常到德里，與表弟一起住在南德里的印度社區。斯丹甄曾在達蘭薩拉學習中文，結識了許多藏人朋友，MT 是他與藏人朋友最常相約碰面的地方，因此熟悉這裡每一間好吃、好買的店家。由於印度教

提供川菜的曲松飯店，時常有觀光客與印度人造訪。

禁食牛肉，斯丹甄說MT是全德里唯一可以買到犛牛肉乾的地方，讓隻身在外的他，可以一解思鄉情。在拉達克人到菩提迦耶[59]朝聖的冬季，許多人會選擇入住Budh Vihar的旅館，訂不到房間與較講究住宿品質的人就會轉往MT，從高價飯店至低價香客房，蓬勃發展的MT旅館業提供豐富選擇。

MT的吸引力不限於喜馬拉雅文化圈，藉由信仰（佛教）、飲食（川菜）與語言（華語）的連結，來自中國、台灣、馬來西亞等地的華人也是MT的服務客群。因中國在西藏執行漢化教育，不少流亡藏人能以流利的中文溝通，有些旅行社會在招牌寫上簡體中文，標明提供中文服務，大部分餐廳的菜單上除了英文，也會以中文附加註記。眾多的中式餐廳也是MT一大特色，招牌上寫的「Chinese food」大多指的是川菜館，原居滇川地區的藏人因與漢人交流甚深，飲食口味及料理方式與川菜相近，熟悉炒菜與米飯料理，調味以香、麻、辣為主，與傳統藏式食物如糌粑、饃饃、手撕拉麵（thenkthuk）

58 — 斯丹甄（Stanzin）的發音近似於丹甄（Tanzin），從名字發音就能區辨他並非流亡藏人，而是來自拉達克。

59 — 菩提伽耶（Bodh-gayā）：位於印度比哈邦，是釋迦牟尼悟道成佛處，為佛教徒的聖地之一。每年秋冬為旺季，來自世界各地的僧眾至此朝聖並舉辦法會。

的口味截然不同。熟悉漢人飲食的藏人從中國運來許多加工食品，如辣椒醬、榨菜、茶葉等等，而這類食材幾乎無法在德里其他地方找到。中式菜色吸引了平時在南德里工作的中國人，讓離鄉遊子專程到MT找尋饅頭、大餅、稀飯等思鄉食物，東南亞的華人僧團或朝聖團也透過品嚐中式料理，解決與印度食物水土不服的問題。

仰賴著德里市於南亞的政治經濟地位提升，不斷吸引各地的旅行者，MT沿著文化親緣找到特定的消費者，以共同信仰、可溝通的語言、熟悉的飲食為利基，造就MT在德里無可取代的地位。

觀光與大眾消費的興起

MT的餐飲、服飾零售、服務業以「高性價比」著稱，相比於德里其它商業區頗有競爭力，吸引不少印度消費者造訪。尤其對鄰近的德里大學學生來說，MT是課後消遣的好去處，每到傍晚與假日都可以看到印度青年來此嘗試新奇餐點、逛街購物，佔地不大的MT共有三十九間餐廳與十九間小吃攤，評價都很高，除了販售藏式食物，也有提供異國美食。我坐在街邊喝茶時，常會被路人詢問"Where is AMA café?"[60]此處還有

從販賣傳統服飾轉型為流行衣飾的店家，櫥窗上擺著批發來的盜版球鞋，店內後方則販售傳統服飾，暗示了大眾消費與族裔消費的消長。

三、四間以韓式料理出名的餐廳，過了晚餐時段，美式酒吧更是擠滿了觀看球賽的年輕人。

2018年，MT有五十六間流行服飾店[61]，大多販售仿冒的名牌服飾與球鞋，種類繁多且樣式齊全。不同於販售傳統藏服與西藏 T-shirt 的商店，經營流行服飾店的老闆幾乎都是年輕人，店鋪裝潢設計也較為現代與講究。布達拉服飾店曾是一間專賣藏服的服飾店，但為了滿足來自都市的大眾消費者，在面向街道的玻璃櫥窗

60 — AMA café 是 MT 最出名的網美咖啡店，裝潢別具風格，以供應西式甜點為主，招牌點心是蘿蔔肉桂捲。

61 — 2018年7月我在MT實際踏查所得。

裡擺上時髦流行的球鞋，把傳統服飾移至店內後方。在我要離開 MT 時，韓國的連鎖百貨 KOJA 也正準備在此開設在印度的第一間分店。

排除／接納的張力

透過理解 MT 難民空間的誕生、建設與經營，我們或許可以在這段歷史過程中，試著從流亡藏人的角度，更細緻地詮釋難民（MT 的流亡藏人）與庇護國（印度德里）的關係變化。

在流亡藏人落腳德里之初，拉達克人與巴庫拉仁波切主動幫助流亡藏人、印度政府將達賴喇嘛視為尊貴訪客（honor guest），與因憐憫而產生的純粹同情不同，印度與西藏的歷史淵源使流亡藏人獲得不同於一般難民的待遇與資源，更使援助流亡藏人被賦予積極的意義。然而，流亡藏人與拉達克人的蜜月期並沒有持續太久，隨著僧院市集的商業蓬勃發展，彼此還是產生了矛盾，原本和諧的兄弟情誼在 1990 年代產生質變，因位處邊陲的 MT 能暫時避開庇護者（拉達克人）與受庇護者（流亡藏人）的權力關係，在衝突過後，流亡藏人的經濟重心便移至MT，以取得自主生活的空間。

當流亡藏人在MT逐漸站穩腳步後，1990年與2006年又因印度中央政府執行都市更新計畫，而被視為是阻礙城市發展的「問題」。在不被法律明文規定的狀態下，MT無法在體制內取得「正當性」，只能仰賴印度社會對流亡藏人的觀感、地方政府的聲援，需要被印度社會視為是有益城市發展、值得被援助的難民，才能免於拆遷危機。這個窘境直到2012年MT被劃為待正規化空間後，才逐漸得到其正當性和制度性基礎。

位於 Ladakh Buddhist Vihar 的西藏難民市集，上頭寫著僧院市集的大字，如今門可羅雀。

進入共同體

在安置的過程中，印度與流亡藏人的關係是充滿爭辯、角力的動態過程。流亡藏人作為難民，並非由始至終都被視為國家共同體的「多餘物」被視為要被積極排除的對象，而是沿著歷史文化變遷在印度社會中找到接著點，被納入文化信仰共同體中。當MT因經濟發展與印度社會產生更多連結，不再是1965年設立時純粹用以安置難民的空間時，印度對MT流亡藏人的消極接納，不僅意味著維繫「使其活」的道德底線，而是國家在共同體邊界上保有讓關係建立的渠道，使流亡藏人與印度社會於認同、文化、經濟、政治上產生滲透的可能性，進而將其納入城市共同體之中。

因位於城市的邊陲，難民得以逃離質疑與正常法律尋得安身之所，也因鄰近都市核心，使難民經濟得以發展，體現了流亡藏人排除與接納之間的矛盾狀態。邦際長途巴士站（Inter-State Bus Termini, ISBT）的建成，將MT鑲嵌至跨區域移動的交通網中，而2004年德里黃線捷運開通，Vidhan Sabha捷運站更把MT納入城市的大眾運輸網絡中，使其成為流亡藏人四通八達的交通樞紐。作為生活在全球化、現代化都市的難民，流亡藏人的生活並未如同「低端全球化」[62]所預期的——難民在高度階級化的都市中被排擠到社會底層、蜷縮於都市的廢棄空間，只能從事低薪、危險、骯髒的工作[63]，而是以德里政治、經濟資源及西藏文化特殊性為利基，在南亞社會、流亡社會展開全球化時，發展觀光旅宿業，擺脫非法、底層、邊緣的困境。

不過，印度對MT的消極治理，並不意味難民空間的界線已經消失。事實上，時至今日，流亡藏人與印度公民之間的差異仍在，MT依舊是被排除在印度一般法律之外，仍被政府、社會視為「他者」所佔據的難民空間。缺乏確切的法律保障，使流亡藏人在面對與社群、政府衝突時，難以從體制內取得支援，或取得法律上的正當性，隨時可能重新被定義為「非法移民」，而面臨被驅逐與監禁的危機。因此，MT空間的邊陲性仍是重要的保護線，它使流亡社群可以避開與主流社會的直接競爭，避免土地開發的利益

62　低端全球化（low-end globalization）：在全球化發展中，人們對於交通服務的取得並非均質，而是隨著資本高低有極大的差距，如富人能頻繁搭地乘飛機移動，窮人僅能透過火車長途跋涉。相對於享受各式交通服務的人，低端全球化描述的是人與物品於低資本投入經濟活動中或非正式經濟活動中的流動，需要關注包含難民、偷渡者、移工、走私等議題。

63　關於低端全球化的討論請參考 Mathews, Gordon 著，Yang Yang 譯，2013，《世界中心的貧民窟：香港重慶大廈》。香港：青森文化；與 Vecchio, Francesco, 2016, *Asylum Seeking and The Global City*. New York: Routledge.

衝突，也避免成為政治角力的焦點。

幸運的是，在排除與接納的角力中，MT並沒有淪為貧民窟，藏人也沒有被迫投入底層工作，更沒有被監禁至封閉營區，而是發展出獨特的生存模式，甚至是被視為城市發展的助力。從安置難民的角度出發，MT獨特的演進反映了國家治理難民更為脈絡化的面向，其中最為關鍵的仍是流亡藏人與印度政府、印度社會之間的文化親緣性，提供兩陌生群體接觸時的信任基礎，使流亡藏人在政治、經濟上受到相對友善的對待，且未將流亡藏人化約為純粹的難民「人口」，而是以更為複雜的方式思考與流亡藏人的關係。

在MT的發展過程中，或許我們可以說，國家與難民的關係並非總是透過監禁隔離來達到「納入性排除」的悲劇形式，而是在以「納入性排除」為前提的狀態下，沿著文化經濟面向尋求共同體「接納」的動態過程。

MT 不同時期經濟模式與行動者的關係

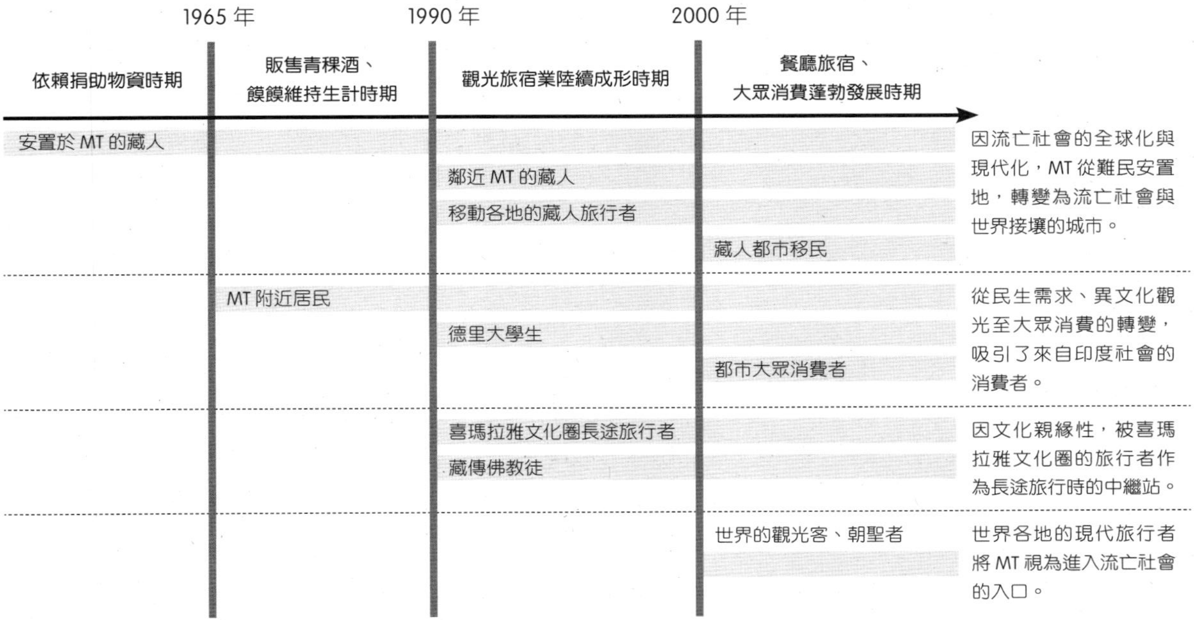

說明：本表整理 MT 經濟發展的不同階段與行動者的關係，說明 MT 如何從封閉邊陲的難民安置地成為開放核心的都市空間。

第二章

難民城市：
居住、節點、領域

2017年7月凌晨兩點，飛機越過了中南半島與孟加拉灣，伴隨轟隆的引擎聲，降落在漆黑的英迪拉・甘地國際機場，儘管還在半夜，外頭的熱氣依然在我踏出機艙門的瞬間讓眼鏡蒙上層薄霧。扛起八十公升的大背包，手中緊握旅行文件，我繃緊神經通過海關，很幸運地，沒有被索賄，也沒有被刁難，順利入境印度。機場內外有很多荷槍實彈的武裝警察，我沿著指示牌穿梭在難辨方向的機場半小時後，終於離開冷氣微弱的入境大廳，來到漆黑中的公車站前。坐上前往新德里火車站的公車，沒有預定好旅館的我，抱著「到時候再說」的心態，毫不設防地展開我此趟的印度之旅。

德里驚魂記

那時，我剛結束馬來西亞的印度社區研究，憑藉對「印度」的些許認識來到德里，我刻意避免自己過於依賴現代科技，並不打算在旅程一開始申辦網路，希望更強烈地接收德里這座陌生城市帶來的文化衝擊，也好奇命運會如何安排我與這座城市的相遇。看著異常沉寂的手機，我想，先給自己二至三天的時間在市區探索吧！

無論在文化還是地理上，德里是我到過最遙遠的地方，這裡沒有任何熟悉的食物、語言、連鎖店，也沒有熟悉的面孔與文字，任何屬於德里的常態，都可能化為突如其來的意外驚喜。不過，似乎不怎麼意外，我的印度之旅一開始，除了留下「令人難忘」的受騙經驗，也沒有什麼更值得說嘴的了。

凌晨四點，巴士抵達新德里火車站，我逐間旅館詢問是否還有空房，總算在巷弄深處找到一間不起眼的小旅館。本以為狼狽的我能得到旅館老闆的同情拿到房價優惠，沒想到他反是獅子大開口地開了雙倍房價，並以政府的名義索取「清潔費」。別無選擇的我付了錢、拾起房間鑰匙，住進一間滿布灰塵的殘破房間，床上有一張看似萬年沒洗的棉被，廁所的衛浴設備也被污垢佔據，唯一值得慶幸的是房門的鎖還具備功能，使我不必提心吊膽地入睡。幸好我對住宿的要求不高，「入眠」這件事對我來說並不困難，翌日早晨，可以精神抖擻地前往德里市的核心——康諾特廣場（Connaught Place）。

康諾特廣場是在英國殖民時期建造的環形空間，也是新德里最熱鬧的商業區，只需搭地鐵就能到達，交通相當方便。廣場中心為提供市民休憩的草皮廣場，外圍則是一間又一間的店鋪，環狀排列為三層同心圓。我揹著後背包、手持地圖、脖子上掛著單眼相

此起彼落的喇叭聲是嘟嘟車之必要，熙來攘往的行人習慣警戒張望，與交錯糾纏的電線構成的印度街景，完全顛覆我對城市的身體感。

機，十足觀光客打扮，因此吸引了許多「熱心人士」前來為我指路解惑。憑藉著過往的國外旅遊經驗，我輕易地辨識出這些技巧拙劣的騙子，隨意跟他們互動、打發時間。不過，由於花了太多時間糾纏，我始終找不到可信任的在地人給予指引，就這樣渾沌散漫地結束第一天行程。到了晚上，無法取得方向感的我無奈地放棄最初的堅持，下了決心明天一早就到通訊行申請電話卡，心想「至少 Google Map 不會欺騙我」。然而申辦電話卡這看似簡單的事，居然成為我在德里最驚恐的回憶。

第二天一大早出門，熱心人士們依舊不放棄地糾纏，但我沒了前一日的興致，只感到極度厭煩，一心只希望能憑運氣找到通訊行。在環狀街道上繞了幾圈後，我耐不住炎熱的天氣，坐進一間現代化風格的咖啡廳，自覺只要躲進高級的消費空間，就能擺脫街道上煩人的騙子，好讓耳根清淨。這時有位印度年輕人跟在我後頭也走進店裡，點了杯咖啡就坐在我鄰近的座位，我好奇打量著他身上的名牌行頭，注意到他點的飲品單價並不便宜，正當我嘗試連上店內 WiFi 網路時，年輕人熱情地湊上來，表明他是就讀附近大學的學生，詢問我有什麼需要幫助。望著眼前這位年輕人時髦的打扮、流利的英語與誠懇的談吐，不像是為了生計要謀我錢財的樣子，我才稍微卸下心防。他聽我訴說初到德里的惶恐心情，也聽我抱怨昨日被糾纏的不悅後，這位與我年紀相仿的印度大男孩給了我溫暖安慰，並分享許多旅遊建議。帶著認識新朋友的喜悅，我跟著印度青年前往他口中「可靠的」旅客中心。那間店鋪位在街口轉角，門上印著大大的官方旅遊中心標誌，標明自己是政府認可的旅行社，推開大門入內後，年輕人向我告別，沒有像其他技巧拙劣的掮客在旁熱情等候，讓我終於放下心中的大石，準備由此正式展開城市探索。

負責接待的是一位滿臉鬍渣的大叔，他向我說明申辦電話卡的流程，內容跟網路上的攻略並無二致，之後便拿了我的護照去掃描。在等待過程中，大叔詢問我的來歷與目的，我熱烈地向他分享研究計畫，並談到要去 MT、達蘭薩拉、德拉敦等藏人定居區，只是他對流亡藏人的話題毫無興趣，還是回過頭盡責地推薦我該安排一趟北印金三角之旅。一小時過去，拿去掃描的護照遲遲未回，心慌的我想透過詢問行程價錢來結束話題，大叔思索了一會兒，在便條紙上寫下三千美金。我看著近乎天價的套裝行程，才驚覺自己身在封閉的房間裡，桌上是剛喝完的拉茶，眼前的大叔看起來已經有點不耐煩。

擔心護照被搶、擔心被下藥，我慌張闖進辦公室後方，看到我的台灣護照好端端地躺在桌上，裡頭的工作人員並沒有在處理電話卡申辦作業，只是自顧自的聊天。確認受騙的我飆罵了幾句髒話、搶回護照，頭也不回地甩開大門離去。走回地鐵站的路上，心有餘悸的我想大哭一場，雖然早已知道康諾特廣場的騙子很多，但壓根兒沒想到竟連旅遊中心也能造假。此時，那位印度年輕人又突然出現，我向他陳述剛才驚恐的遭遇，他也輕聲安慰我，提議要帶我去購物轉換心情，只是剛逃離危機的我仍餘悸猶存，只打算一個人靜一靜，因此拒絕他的邀約。在離別擁抱後，一無所獲的他終於開口索討小費，將我對這座城市的信任完全毀滅。

故事還沒結束。

在我萬念俱灰之際，終於在廣場上找到一間電信直營門市，向機器抽了張號碼牌後，看到看板上寫著四個小時的等候時間，逼著我打消在此申辦電話卡的念頭。我苦惱的回到街上，"Where are you going ?" 一名大叔好心詢問，雖我已不期待從路人身上得到任何協助，但抱著走一段也無妨的心態，便隨著他前往另一間「電信門市」。半小時後，我們來到一處陰暗的二樓，確實看到有不少人正在處理電信申辦業務，我心想問問無妨地開口詢問費用，得到老闆以稀鬆平常的態度開出高於公訂價十倍的價格。

當晚，我回到旅館附近閒晃時，又遇見這位在康諾特廣場騙我的帶路大叔，這時他成了手機配件的小攤販。見著我經過，依舊熱情的向我招攬生意，似乎白天的事從未發生過」。

MT，熟悉的陌生地

在殘破的旅館躺上一天，我花了些力氣整理徬徨的自己，並想盡辦法收起返家念頭。來到德里的第三天，我終於放棄探索這座城市，只想直直地朝 MT 走去，

從對街（Punjabi Basti）看見的 MT，一座天橋橫越六線道連接馬路兩端，天橋上有許多尋求藏人施捨的印度乞討者。

一路上盯著事先畫好的地圖，不再搭理任何搭訕，只祈求能在 MT 找到安身之處。走了六公里，搭上地鐵，再轉乘嘟嘟車，行過墨綠色的天橋，「Tibetan Refugee Colony」（流亡藏人定居區）斗大的字樣映入眼簾。過去我並沒有與流亡藏人實際接觸的經驗，只因書本上對於流亡藏人道德、誠信、佛教徒等描述，足以讓剛抵達 MT 的我取得安全感，甚至以政治不正確的方式發出「回到文明世界」[2]的吶喊。

「哈囉，哈囉！你要去哪？」一位中年女性在我身後用「中文」喊著。這一連串熟悉的字詞，如同一道滲入洞穴的微光，讓迷失的旅人瞬間清醒，提供其可以依附的方向，我將自己想像為一名初次來到德里的流亡藏人，藉著 MT 特定的文化符碼，在陌生／熟悉的巨大對比中得到指引。喊住我的是央宗阿姨，一位在街角經營雜貨攤的藏人，在她的介紹下，我住進一間由寺院經營的旅館，櫃檯的喇嘛親切接待，房間的擺設雖然簡單，但窗明几淨，我順利安下行囊重整落魄的自己，轉以期待的心情展開田野之旅。

1 — 我相信自己初踏印度遇到的人並不壞，他們只想從觀光客身上撈些油水，只不過當時接連的受騙經驗，使我失去對「人」的信任。

2 — 如此經驗來自初到印度的文化衝擊（culture shock）與觀光區的混亂多詐，也或許來自觀光客的傲慢，並非試圖區分文明與不文明世界的差異。對比新德里野蠻的交通與猖狂的騙子，MT 在當時給來自台灣的我十足安全感。

從央宗喊住我的那刻起，我便纏上了她，而坐在攤位後方與央宗對話的內容，型塑了我對MT的主要認識。我每天展開田野前的第一件事便是向央宗問早，看看她又進了哪些貨，向她探聽MT有沒有新鮮事，並報告我一整天的行程。閒暇時，我會點上一杯過甜的印度拉茶跟央宗一起顧攤；天熱時，她請我喝杯蜂蜜檸檬薑茶，晚上七點我再協助她收攤，順便關心今天的生意如何？我們大部分的談話內容並未經過嚴密審視，而是央宗長時間在MT生活中，不經意發出的咕噥，從竊語鄰居的八卦、抱怨生活的麻煩、分析德里的夏天、討論感染瘧疾的身體，我們總是有一搭沒一搭的閒聊，度過田野的平凡日子。

分析MT街道上熙來攘往的人群，是央宗經營路邊攤空檔時的小樂趣，對我而言，這些穿著僧服、傳統服飾、有著相似面孔，且說著相近語言的人並沒有太大的差別，但央宗總能透過衣著服裝、五官眼神、口音腔調的細微差異，區分出他們來自哪些地區與信仰什麼教派。

央宗不太能理解什麼是做田野研究，也不清楚社會學、人類學是什麼，她只覺得我是個幸福的孩子，不需要煩惱三餐，每天就在街上晃悠晃悠，遇到問題就來煩她。聊

央宗的雜貨攤位於 MT 3 號入口的轉角處，小小的攤位賣了近五十種產品，攤位上方掛的是手帕、側背包與喇嘛穿的背心。照片中的她正在製作涼粉。

天、買菜確實是我最重要的田野工作，我天天都在MT巡邏，從南到北、由內而外，通常不帶有太多目的，只是想知道人們都在幹嘛，是否有新的海報張貼？有沒有新的店家開幕？就在這在平凡無奇的日常參與中，我對MT的流亡生活有了基礎的方向感，知道該上哪兒買菜、生病時該去哪兒，也知道如何自然地與人應對。沿著央宗所處的職業、階級、性別、族群出發，我開始有能力分類周遭事物、知曉一些人物故事，並且建立初始的價值評斷。

在漸漸熟悉 MT 的風景後，我慢慢地尋找到一些線索，用以回答生活在 MT 這座難民空間，流亡藏人如何經驗難民狀態？在不斷延長的暫時性安置中，日常意味著什麼？未來又意味著什麼？

居、駐空間

藏人流亡至印度超過六十載，流亡社會從當初普遍貧窮、流離失所的同質狀態發展至今，政治立場、經濟關係、社會文化、身分認同已更為複雜且有機。在 MT，有些流亡藏人來自西藏、有些在印度出生、有些受過高等教育，有些擁有龐大資本，但也有些流亡藏人仍一無所有。在接下來的篇幅，我將以流亡藏人央宗、噶瑪、索南（Sonam）與桑丹（Samten）為例，從他們落腳 MT 的過程、各自面對的條件與選擇，理解不同的生命歷程如何影響他們以截然不同的姿態在 MT 生活。

暫居此方：央宗的雜貨攤

1996年，家就住在拉薩布達拉宮前不遠處的央宗，還是十六歲的青春少女，愛漂亮的她紋了當時流行的紋眉、戴上閃亮的耳環，跟所有年輕人一樣，對未來充滿憧憬。為了與達賴喇嘛見一面[3]，她離開拉薩，離開了「家」，與朋友一同前往印度，歷經二十多天的長途跋涉後，終於穿越喜馬拉雅山脈來到尼泊爾邊境。在踏出中國國境的那刻，她「開始」成為一位難民。

抵達位在尼泊爾的難民接待處後，央宗被送往印度的 Budh Vihar 難民接待處，等待三、四天後前往達蘭薩拉謁見達賴喇嘛。流亡之初，央宗待在達蘭薩拉，但因為久尋不到適合的工作機會，她搬到德拉敦，在那兒結識了來自康巴的丈夫札西，結婚後生下了一男一女。2006年，札西在德里找到工地工頭的工作，於是舉家搬遷到 MT。2018年，央宗的雜貨攤已經開了十多年，孩子升上十年級與十二年級，分別就讀比爾和德拉敦的寄宿學校，只有在寒假期間才會回到 MT。

3——這是央宗簡化後的流亡動機，實際上的情況頗為複雜。

央宗的雜貨攤賣的東西琳琅滿目，從零食、雜貨到衣服包包，近五十樣的商品擠在兩坪大的小攤位，從早上十點擺到晚上七點，沒有固定的店休時間。一份四十盧比（約台幣二十元）的涼粉（laphing）是攤子主力商品，生意好時一天可以賣上一百份，其次是青稞粉、犛牛起司（chura）、犛牛肉乾等食品，在我看來相對過時的服飾背包則等待有緣人賞識，久久才能賣出去一件。2017 年前，央宗還有賣西藏地毯，但因成本高又不易保存，她在 2018 年將原本擺地毯的位置改成賣服飾、包袋。幾年前札西失業後，這一個月租金五千盧比左右的小小攤位，就是央宗一家四口的唯一收入來源。

MT 大部分的攤販都將商品鎖在攤位下方的綠色大鐵箱內，營業時只需取出陳列，不必花上太多時間，但由於央宗的攤位背靠高壓電箱，她害怕商品受損，只好每天收攤後大費周章打包，請搬運工一包、一包搬回家，耗時、耗力又花錢。回到家後還必須抓緊時間製作隔天要販售的涼粉，每晚十點開始忙至深夜十二點，等待涼粉靜置成型的時間才是她短暫休息的時刻，凌晨三點要再進行第二次加工，直到五點回去補眠。早上十點，央宗便會拖著貨物準時出現在攤位，重新開始一整天的擺攤生活，她說：「吃苦是我能在 MT 生存的唯一優勢。」由於擺攤的技術與資金門檻不高，在 MT，販售類似商品的攤販不少，競爭相當激烈，但央宗是少數獨自同時經營商品零售與小吃的人。

央宗之所以學會製作涼粉，全憑一股骨氣，因她住在德拉敦時，負責照顧家庭、沒有收入，只靠丈夫在外賺錢而受到鄰人閒言閒語，她一氣之下便決定找份工作貼補家計。如同許多流亡藏人選擇賣饃饃、炒麵等街頭小吃一樣，因為覺得食物沒賣完還能留下來吃，不會有額外的浪費，央宗向來自青海的友人學習製作涼粉，作起小吃生意。之後全家搬到MT仍繼續賣涼粉，待生意穩定有了些積蓄後索性租下攤位，擴充成如今包羅萬象的雜貨攤。

除了賣涼粉，央宗的雜貨攤上還賣一些能滿足藏人「鄉愁」的商品。道地的藏茶、辣椒醬、氂牛起司等，都是流亡藏人日常所需的重要食材，大多不是在印度生產，而來自中國。不過，這些中國商品並非透過正式管道進口，而是

涼粉由綠豆所製成，色澤偏橙黃色，口感冰涼、富有彈性，可切成條狀再拌上辣椒醬油作為涼麵，也可以包入內餡當成捲餅，是MT最受歡迎的小吃。

從東北印、尼泊爾入境，經過「重重關卡」運送至德里。提供中國商品買賣的商人與札西同為理塘[4]老鄉，央宗才能以近乎「獨家」的方式在MT販售這些商品。她也賣一些朋友自產寄售的產品[5]，像每天一早新鮮送達的藏菜饅頭（Tingmo），朋友會在當天下午取回剩餘饅頭與賣出收入。犛牛起司是由拉薩同鄉提供，青稞粉來自另一位友人比爾（Bir）的朋友，這些小型的在地生產者，隨季節不同帶來各式食品給央宗販售。

在銷售的豐富品項中，還有一類是央宗到批發市場批來的廉價商品。央宗和札西夫妻倆會定期到南德里的批發市場採購工廠大量生產的服飾與包袋，有些產地在印度，也有些在中國。這些服飾、包袋本身不具西藏特色，在印度街頭隨處都能看到相同的款式，銷售對象不限流亡藏人，也常有印度人購買，是脫離族裔特殊性、強調功能與性價比的世俗商品。

在我進行田野的夏季，央宗總穿著紡紗上衣與長褲，整理完貨物後坐在一旁椅子上，一邊念經、一邊將長及腰部的黑髮一圈圈盤至頭頂，搧著扇子抱怨德里冬寒夏熱的天氣。記得有一回，我疑似染上了瘧疾，拖著發燒虛弱的身體在央宗的攤位上哀嚎，她完全沒有給我一丁點的同情與幫助，反而開始不停抱怨這座充滿疾病、髒亂與貧窮的城市，彷彿恨不得趕緊離開這瘴癘之地。

央宗和札西住在MT連棟樓房的地下室，屋主是札西的親戚，早已舉家搬遷美國，一年僅回來一趟探望親友，房子交由札西代為管理，負責出租及協調住戶。央宗時常抱怨自己是「租房子的人」，用以突顯她與MT的格格不入。確實，德里並不是央宗的理想居所，她從未打算在此長久安頓，更沒打算進一步認識這座城市，即使住在MT超過十五年，仍與德里保持相當疏離的關係。舉例來說，德里的觀光資源豐富，但每當我搭乘地鐵四處踏查歸來，興奮地與央宗分享所見所聞時，她總是露出一副無謂的表情，不只是因為央宗很少離開MT，更遑論出門觀光旅行，對德里這城市的樣貌幾乎一無所知，僅有Budh Vihar與南德里批發市場是她少數熟悉的地方；更因為央宗將生活重心放在如何養家活口，對她而言，美食探險、上街購物、看電影等休閒都太過奢侈，縱使有空閒休息，也會留在家中整理貨物或到北方探望孩子。

4 — 理塘在現今中國行政區劃分中屬於四川省理塘縣，而在藏族地理傳統上屬康巴藏區。

5 — 這些商品並不會進入主流的市場上，通常是沿著「關係」來到攤位上。

MT只是央宗在漫長流亡過程中的暫時歇憩點，她曾多次跟我表達「僅有西藏才是心之歸屬」，無奈的是，當回到西藏已成為遙遠的夢想，身為難民的失依感，怕是無解但只能接受的現實。在MT，許多人將「再一次流亡」視為擺脫生活困境的解方，不過由於需要龐大的資金，並非每個人都有此機會。央宗時常流露對跳機西方藏人的羨慕，但作為母親，她必須不停歇的工作才能勉強維持家計，將未來寄託在仍在就學的孩子，期盼教育改變孩子的生活、改變一家人的狀態，甚至改變流亡藏人集體處境。央宗能做的，是日復一日的努力「活著」與「等待」。

我曾經問過她，對未來有什麼規劃？央宗簡短的回答讓我反芻許久：「我們是難民，是沒有家的人，以後的事我也不知道，唯一能做的就是努力工作，做一天也就算一天」。每當看見沿街求助的乞丐與失業者時，央宗會嚴肅地說：「你只要肯努力就有機會，不努力就什麼都沒有。」這句話乍聽之下沒什麼特別，但對身為難民的她而言，MT提供的謀生機會是格外珍貴。畢竟在央宗踏上流亡那年，印度的流亡藏人定居區可容納人數已屆飽和，沒有足夠的居住地、可耕地與工作機會，在多次流轉不同地方後，只有MT接納了她，使她安頓。央宗借住在親戚家省下了房租，經營攤販也維持了家中生計，最重要的是，能將生活定錨在流亡社會中，取得藏人社會的各種支援與流亡政府的醫療教育照護，而非隻身在印度社會漂泊。

歸返家鄉：承接家族事業的噶瑪

本地居民協會（New Aruna Nagar Colony Resident Welfare Association）位於寺前廣場二樓，我時常坐在廣場上的小攤子吃早餐，看著協會人員忙進忙出，但始終抓不到合適的時間拜訪。鼓起勇氣登門那天，小小的辦公室裡擠滿商討議論的人，有藏人，也有印度人。一位埋頭記帳的青年抬起頭，示意我稍作等候，幾分鐘後招呼我到他桌前：「主席今天太忙了，有什麼問題都問我吧，這裡我很熟。」這位青年就是噶瑪，他是本地居民協會的會計，非常積極地參與協會組織的運作，因此熟悉 MT 街頭巷尾的大小事。在描述 MT 時，噶瑪總能舉出具體的數字、年代與法律規範，這些相對客觀的資料，為我釐清 MT 的發展歷史提供很多幫助。

噶瑪是在印度出生的流亡藏人第三代，他的祖父母在 1960 年代來到印度，是第一批定居 MT 的流亡藏人，噶瑪的父母從小是鄰居，結婚後生下哥哥、姐姐及噶瑪。噶瑪的童年與青春歲月皆在 MT 度過，除了高中畢業後到美國與英國攻讀管理學碩士，畢業後在英國工作過一段日子外，他一直在德里生活，是「道地」的 MT 流亡藏人。我們在辦公室短暫相談後，噶瑪邀請我到他家，聽他分享更多關於 MT 的事。

初次走進噶瑪家的震撼，至今難忘。那是在新營區尾端的一棟旅館，四層樓高的建築物配有一台電梯，這棟旅館是噶瑪家的家族生意，一樓為旅館接待處與餐廳，二、三樓為客房，噶瑪與他的妻子、父母還有寵物住在四樓。寬敞的空間與現代化的裝潢、潔白的牆壁與地磚，客廳還有舒適的沙發與超大液晶螢幕電視，精細設計的每個角落就像台灣常見的中產階級住家。我與噶瑪坐在廚房中島區，白色瑪爾濟斯在我們腳邊竄來竄去，噶瑪的妻子分別給我們倒了一杯牛奶，歡迎我在這舒適的早晨到來。

無論是基於刻板印象或是過往經驗，眼前展示出的豐足生活樣態，實在遠遠超出我對難民、藏人的想像。在藏人研究中經常指出，流亡藏人因預期搬遷的心理，少為居家添置大型電器或家具，但在噶瑪家，藝術畫作、液晶螢幕、雙門冰箱及系統家具一應俱全，甚至還飼養了一隻寵物犬。充滿生活感且細緻經營的環境，讓人難與難民暫時、流離與寄居的狀態產生連結，豐饒的物質條件除了彰顯出噶瑪家的經濟能力，更呈現一幅

「以此為家」的安居狀態。

與早期流亡藏人不同，在印度出生的噶瑪受過良好教育，熟悉印度語言、文化、政治乃至氣候環境，不過，當噶瑪憶及在西方國家生活六年多的經歷時，他表達自己於「異國」的不適應：「在英國、美國留學時，我才深刻體會對不同種族的異樣眼光，雖然在印度也時常經驗自己身為流亡藏人與印度人的差異，但在兩相比較之下，發覺印度才是我最熟悉的地方，無論是食物、語言、朋友還是家人，生活起來都更舒適自在」。2012年，噶瑪「選擇」回到印度，並在德里找了份不錯的工作，由於父母日漸年邁，哥哥、姊姊皆已定居歐美，噶瑪自然成為回到MT照顧雙親、承擔家業的唯一人選。2015年，他辭去在德里的工作回到MT，與妻子組成家庭、接管家族旅館，同時到本地居民協會擔任會計，積極參與社區事務。2018年，噶瑪正計畫在舊營區的外婆家再蓋一間旅館。

在噶瑪回到印度那年，MT早已脫離窮困潦倒的狀態，成為觀光旅宿業蓬勃發展的商業區，因此，噶瑪一家人透過經營旅館，擁有相當不錯的物質生活，若再加上籌建中的旅館，已稱得上是一間規模不小的家族企業。由於經濟條件允許，噶瑪有機會接受良好教育，並且適應印度社會，也因家族人口不斷外移，原本家族成員各自擁有的土地，透過繼承，不斷集中成為噶瑪可動用的資源。經濟、社會、文化資本之間的相互轉換，提供噶瑪回到MT發展的有利基礎。

身為土生土長的MT藏人第三代，噶瑪擁有的所有資源鑲嵌於印度與流亡社會，從未見過西藏的他，僅能透過文字與影像來想像，他與西藏的情感羈絆自然不同於第一代流亡藏人，彼此雖熟悉，但又陌生。MT對噶瑪而言，不只是暫時安置生活的空間，而是使其生活能夠穩固依附的地方，或許在某個層面上，印度並非噶瑪所流亡的「他鄉」，而是他唯一能落地生根的「家鄉」。

移居都市：色拉傑旅行社

色拉傑（Serajey）[6]旅行社位在色拉傑旅館一樓，約兩坪大的空間僅容得下一張辦公桌與兩張客戶椅，每天早上十點開門，傍晚六點準時打烊。旅行社由索南（Sonam）與桑丹（Samten）合資經營，索南的皮膚較為白皙，圓潤的下巴帶點鬍渣，時常被誤認為是印度人；而戴著黑框眼鏡的桑丹，皮膚黝黑粗糙，總是戴著一頂黑色鴨舌帽站在門口抽菸，二十幾歲的他們，打扮就像是時髦的都市人。此處是我在 MT 的第二個據點，天熱時我愛坐在舒適的客戶椅上，享受旅行社裡的沁涼冷氣、連接旅館 WiFi 滑手機，輪流顧店的索南與桑丹多數時候都在玩手機遊戲，有事沒事就叫兩杯拉茶來喝，午餐時間我們常一起去朋友開的 Yak（犛牛）餐廳，索南說那兒有全 MT 最好吃的漢堡。

索南和桑丹分別在六歲和七歲時被家人送到印度，自幼流亡的他們，對遠在西藏的家人與家鄉幾乎毫無記憶，雖然偶爾透過微信（WeChat，中國通信軟體）知道家人的狀

色拉傑旅行社的門上貼滿各家航空公司的貼紙，後頭牆上掛著色拉寺僧人的大合照。這張照片中坐著的是索南，他正在與印度夥伴討論事情。

6 — 色拉傑（Serajey）為色拉寺分院，是流亡藏人於南印度重建的三大寺之一，色拉傑旅館便是由寺院所經營。

況，但分隔兩地的狀態使彼此情感疏離。到印度後，索南和桑丹就讀同一所學校（Tibetan home school），過了十二年朝夕相處的日子，直到大學才分隔兩地生活。不過，桑丹並沒有完成大學學業，他在休學後到 MT 做旅館房務，陸續在幾間餐廳與旅行社工作，熟悉 MT 觀光旅宿業的商業生態；索南則在班加羅爾大學念商管學系，畢業後在投資保險業工作，薪水待遇不錯，一個月有將近八萬盧比（大約四萬台幣）[7]，但索南對這份工作並沒有太多熱情，兩年後存了一筆錢便辭職到達蘭薩拉的 NGO（Non-Governmental Organization，非政府組織）上班。2017 年，索南和桑丹湊了十五萬盧比（大約七萬五千台幣）向原本的經營者頂下色拉傑旅行社。在 MT 經營旅行社說難不難，但說簡單也不簡單，當中牽涉複雜的合作關係與制度規範，所幸憑著桑丹先前的工作經驗與累積的人脈，旅行社順利開張，也展開兩人創業之路。2018 年，色拉傑旅行社的規模不算大，業務範疇以交通運輸安排為主，包含飛機、火車、巴士票券預定與計程車預約等。

對不熟悉印度的流亡藏人來說，訂購票券看似單純，但因各類交通服務的經營者、制度化程度、搭乘風險皆有所不同，如何正常判讀這類交通資訊並不容易；就算預定火車與飛機票相對容易，只需在官方網站上填寫表格選單就能完成，但由於印度鐵路與航空交通系統複雜，若對各類機場、車站、車輛種類、運輸規則沒有一定了解，很難在不同交通工具之間作出合適的旅程安排。

作為一個稍有自信的背包客，我曾嘗試自己購買火車票，但因為不熟悉印度的訂票系統，被複雜的車班查詢系統與旅客資料輸入欄位搞得暈頭轉向，更慘的是，因無法判斷車班差異，最後買了一張經常晚點的車次，在火車站空等了十多個小時。這次經驗使我學乖了，後來都直接向色拉傑旅行社訂票。

客人到旅行社購買火車票時，索南都會將螢幕轉九十度，打開訂票官方網站讓客人挑選車班價格與時間，再介紹哪些車可搭、哪些車不適合。索南告訴我，旅行社代訂一張票就是賺取一百盧比的手續費，在確認車班後，他會用自己的信用卡付錢並印出車票，整個購票過程簡潔透明。除了買火車票，旅客也會到色拉傑旅行社購買來往各定居

7 — 2017 年德里平均月薪約為兩萬七千盧比，請參考 https://www.indiatoday.in/education-today/gk-current-affairs/story/delhi-economic-survey-reveals-its-per-capita-income-is-2nd-highest-12-takeaways-1193641-2018-03-20，取用日期：2021 年 9 月 21 日。

區的長途巴士車票。旺季時，每天有將近二十台巴士停在MT外，等待夜幕降臨後出發，在天色轉白前將旅客載到達蘭薩拉、德拉敦、比爾等藏人定居區。這些巴士皆為私人經營，沒有統一的訂票系統，乘客必須向旅行社詢問、劃位並繳付金額，旅行社收取費用後，會給旅客一張收據，上頭寫著發車時間與座位代號。

雪域旅行社是MT規模較大的旅行社，與色拉傑旅行社僅相隔三十公尺，是色拉傑旅行社最主要合作廠商，時常可以看到雪域旅行社的印度員工到色拉傑旅行社收款，順便喝茶聊天打混一番。雪域旅行社擁有自己的長途巴士，專門經營MT往返達蘭薩拉、德拉敦等地區車班，老闆也同時經營旅館，由於桑丹先前曾在他的旅館工作，因此與其交情不錯，能以較低價格取得車票。色拉傑旅行社雖有代訂各家巴士的車票，在差異性不高的情況下，會優先推薦雪域旅行社的長途巴士。

在德里搭乘計程車是一件嚴肅的事，一不小心便會挨詐受騙或遭遇人身安全，然而印度法規限定，只有公民才能取得計程車執照，因此計程車司機全為藏人不熟悉的印度面孔，面對都市的陌生隔閡，由藏人經營的旅行社便成為旅人與司機間的重要中介。在田野期間，與我同行的女性友人為了趕清晨五點的飛機離境，必須搭乘凌晨三點的計程車前往機場，來自台灣的我們，無論是基於刻板印象或實際經驗，都對深夜獨自搭乘計程車感到不安，在缺乏判斷司機良窳能力的情況下，不敢貿然與印度司機洽談。儘管當時與索南還不算深交，也只能憂心地向他確認價錢與行車路線，見到我們的擔心與顧慮，索南再三擔保司機的可靠，說明是旅行社長久合作的夥伴，基於對流亡藏人的信任，我們才卸下心防。從結果論，索南的確替我們安排了安全的接駁，還順便媒合其他藏人旅行者共乘，讓我們省下不少錢，更免受簇擁在MT門口的司機宰割荷包。往後幾日，我時常看見這位司機到色拉傑旅行社寒暄聊天，彼此不僅是生意上夥伴，更像是朋友一般。

然而，因索南和桑丹沒有公民身分，色拉傑旅行社始終無法取得正式的旅行社牌照，服務範疇只能被限縮在業務代辦。面對發展的瓶頸，其他規模較大的旅行社會採藏、印合資經營，跨越難民狀態帶來的層層法規管制。像是長途巴士就必須有印度公民作為合夥人才能取得巴士經營許可，除了取得合法性，也因這些巴士主要往返於藏人的定居區，其移動範圍與牽涉層面遠超過流亡社會熟悉的範圍，旅行社必須透過印度合夥人的人脈與政治資源，才有機會與各邦政府交涉打通邦際間交通的關口。就印度合夥人的立場，藉由參與藏人經營的旅行社才可能進入流亡社會拓展業務，經營因流亡藏人而興起的交通路線，也才能在 MT 設立辦公室、觸及藏人消費者，再再彰顯出旅行社作為藏印社會中介者的重要性。

流亡藏人定居區的不連續地理分布，導致流亡社會在參與全球化時，必須頻繁跨越地理、社會與文化疆界，進而在 MT 創造龐大的交通旅行需求，促成觀光旅宿業的蓬勃發展。在這過程中，熟習印地語、泰米爾語、英語等語言，熟悉德里的食物、文化、氣候與生活方式的藏人青年，因適應印度社會、現代社會的運作邏輯而容易取得發展利基，藏人青年將流亡教育培育的文化資本轉化為社會與經濟資本，再以中型創業的方式，展現出與早期流亡藏人截然不同的生存模式。

在 MT 創業的索南和桑丹，將這裡視為安身立命與發展職涯的培養皿，關於未來，他們始終抱持開放與樂觀的態度，時常積極討論流亡社會的發展、國際政治局勢與個人夢想，沒有陷入無可奈何的哀嘆迴圈。2018 年，色拉傑旅行社仍處創業初期，當時尚未取得旅行社經營牌照的他們，正透過導入西聯銀行（Western Union）系統擴大旅行社業務，希望突破法規對難民的種種限制。

難民的都市：位處邊界的空間

MT流亡社群的組成，不僅包含前述較長時間定居、在此建立生活圈的人群，也包含大量的流動人口，他們帶著各種目的短暫在此停留，等待時機成熟後離去。這些頻繁借道MT南來北往的人們，將MT與藏人定居區、佛教聖地、毛衣批發地、難民市場等地方串連成一空間體系，賦予了MT特定的功能與意義。

商品交換所：全球化的節點

那天，凌晨四點的MT仍沉睡著，我從達蘭薩拉返回德里，搭乘的巴士停在尚未完工的高架橋上，同車的旅人們睡眼惺忪地拎著空空的行李袋下車，鑽進MT北邊小門，陸續消失在巷弄盡頭；依舊沒有訂房的我，一個人坐在央宗空蕩蕩的攤位，平時吵鬧的流浪狗安靜地蜷縮在一旁，只有賣拉茶的小販醒著。如同其他長途跋涉的旅人，我點了一杯熱茶等待天色漸亮後的MT甦醒，再次被各種商業活動佔據。

幾天後傍晚，日落西沉，我又到了央宗的攤位，吃著涼皮、觀察準備返鄉的旅人們。他們扛著大包小包的行李，一個接著一個彎過轉角，從我左後方的三號出口離開MT。出口外頭是德里外環道，馬路旁的一大片空地停滿一台台蓄勢待發的巴士，人們手拿車票、來回張望，找尋與車票相符的車牌號碼，等待夜幕降臨，從恆河平原向北駛入喜馬拉雅山麓。

為了工作、為了探親、為了旅遊、為了朝聖、為了各式各樣的目的，流亡藏人頻繁往返於各個城市。德里作為北印的交通樞紐，幾乎是每一次長途旅行的必經之地，藏人從偏遠的定居區搭上前往MT的巴士，再進入德里市區轉乘其他交通工具前往目的地；任務結束後沿著同樣路徑，從MT返回定居區的住所。人來人往的流動者構成了MT的日常狀態，使MT的空間人口組成充滿多樣性與異質性，有人匆匆停留兩、三天，有人停留數星期，有人一待就是三、五個月。

距離我印度簽證到期只剩一個月時，我一如往常地幫忙央宗收拾攤位，一位年約四十歲的藏人阿恰拉（藏語對阿姨的稱呼）坐在對面台階打量著我，好奇為何會有位漢人熟練地整理架上商品。數分鐘後，阿恰拉和央宗用藏語聊起天，探聽我的來歷與目的，當時我們並沒有交談，僅有短暫的眼神交會，甚至不太記得彼此長相。

翌日，我坐上一輛前往達蘭薩拉的夜車，準備將我在MT所得的田野經驗與達蘭薩拉流亡社群進行更細緻的比較。凌晨兩點，巴士停靠在不知名的休息站，打開GPS也無法確定方位，我在半夢半醒間下車上洗手間、吃碗泡麵、再點一杯茶，二十分鐘後隨著大夥回到車上。天色逐漸轉白，蜿蜒的道路也逐漸趨緩，我才辨識出路旁村莊的模樣，隨著巴士靠站的頻率越來越高，乘客們全都下了車，我也抵達了達蘭薩拉。此時，我突然想起先前請央宗維修的手鍊還未取回，因此趕緊傳了訊息拜託央宗想想辦法，在得知昨日那位阿恰拉幾日後要回達蘭薩拉後，央宗將手鍊託她帶回並協助維修。那時我還不知道阿恰拉的姓名，也沒有她的聯絡方式，央宗僅說：「阿恰拉是街上的飾品攤販，到時在路上問一問就找得到」。

達蘭薩拉連續下了幾日雨，街道上空盪盪的。好不容易等到放晴，攤販出來擺攤，我趕緊上街尋找阿恰拉的身影，幸好她的攤子就位在車水馬龍的主街道旁，攤位擺有琳瑯滿目的飾品，要人不注意也難。她把修好手鍊遞給了我，還在上頭加了許多裝飾，我點了兩杯熱拉茶，有意無意地又賴在她的攤子，開始協助她做起生意。

這位阿恰拉名叫卓卡（Dolkar），攤位是由三張桌子相併組成，比起鄰近的攤位還算大，每天下午三、四點左右，地主會出來巡邏向各攤位收租，一張桌的租金是五十盧比。卓卡的攤位上販售各式佛珠、銅器、耳環、手鍊與玉石，這些商品不全是藏式、佛教風格，也包含一些印度教神像和仿舊的裝飾品。

夏季的觀光收入是達蘭薩拉主要的經濟來源，卓卡賣的飾品很能滿足印度與歐美遊客購買異國情調紀念品的消費取向，到了冬天旅遊淡季，她則轉往菩提迦耶（佛陀證悟處）或 Goa（海濱觀光區）的難民市集做生意，避開達蘭薩拉的寒冬與冷清。卓卡賣的飾品大多產自拉達克、北印度與尼泊爾，是從德里手工藝市場批發而來。我與卓卡相遇的機緣便是因為她到德里補貨，在德里待了三天，白天到市區找尋及採買有利可圖的商品，晚上回到 MT 的旅館歇腳。卓卡說，德里的手工藝市場是全國最大的手工藝批發市場，貨品齊全，價格也好，只要定期去德里一趟，便能找到來自各地的玉石、銅像與珠寶，不必奔走各個產地批貨。

季節性零售經濟，也是藏人前往 MT 的主因之一，經營者為了補貨、尋找市場而必須四處移動。與卓卡的攤位相隔幾公尺，賣服飾的卓瑪（Dolma）也經常到德里補貨，畢竟在都市才能找到最流行的款式；經營代購的塔益（Thaye）三不五時前往德里，因為許多客人指定的商品在德里才買得到，而且都市的商品價格也較達蘭薩拉來得低；與台灣人結婚的茨旦（Tsetan）因經營佛像珠寶生意必須往返台灣、尼泊爾與印度，MT是他長途旅行時交換商品、資訊與歇息的重要據點。除此之外，毛衣批發作為流亡社會冬季的重要收入來源，更是彰顯了MT的重要性，有將近七成的流亡藏人參與毛衣經濟，為了從各自的定居區前往毛衣工廠批貨，再帶至難民市場販售，德里始終是南來北往必經的交通樞紐[8]。

商品的全球生產與銷售造就了德里無可取代的位置，交通方便、大型批發市場與貨品齊全的通路，讓流亡藏人在德里能買到印度藥廠生產的成藥、中國與南印度工廠製造的成衣、韓國進口的彩妝品、尼泊爾生產的手工藝品與全球各大廠牌的電器，只要你想得到的商品，這裡都有。在MT時常可以見到來自四面八方的生意人沿著運輸網絡，雙手空空的來到MT，在德里補貨、交換資訊，數日後再帶回滿滿的戰利品搭上夜車返回各定居區，補齊各自攤位的架上商品。在我住的旅社一樓大廳，幾乎是每天都堆滿了鼓

8 — 請參考潘美玲，2011，〈流離的道德經濟：流亡印度的藏人毛衣市場與協會〉。《台灣社會學刊》46: 1-55。

脹的黑色大提袋，全是當日退房旅客暫時寄放的行李，裡面裝著商人們準備帶回各地的待售商品。經營旅館的喇嘛告訴我，在冬天旺季，放假的學生、經營季節生意的商人、趕回家過年的旅客都會湧入MT，餐廳爆滿，旅館也一床難求，「你現在看到的熱鬧根本不算什麼」。

前哨站：前往印度的政治經濟中心

隨著流亡藏人定居區的人口日漸飽和，大量的藏人青年在缺乏就業機會與生活空間的處境下，必須向外發展。正如多數的都市，德里所蘊藏的

在 MT 剛開的涼粉店前搶購涼粉的藏人與印度青年。

政治經濟資源吸引了各地的都市移民，有些人到都市接受高等教育，有些人則在私人企業找到工作機會。然而，也有許多失業、徬徨、等待的人以MT作為都市的避風港，來自不同地方的他們在此交換意見、分享資訊、結伴同行，也尋找未來的可能性。

移居都市的流亡藏人主要的工作類型有三，第一類屬MT的族裔經濟範疇，發達的觀光旅宿業吸引了許多想創業的藏人青年在此開設餐廳、服飾店、理髮店，或是到較具規模的旅館餐廳任職，這些人對都市的無限可能懷抱野心，期望在MT蓬勃的商業發展中掙得機會；僅有少數藏人參與基層的勞動工作，擔任服務員、清潔工與幫廚，整體而言，這類工作大多仍是由印度裔員工擔任[9]。第二類則是在現行制度下，印度政府允許流亡藏人進入私人企業，許多受過高等教育且熟悉印度社會的藏人青年在印度私人企業做業務會計、醫院護士或飯店管理員。最後一類相對特殊，是隨著近年中國資本在印度的大量投資、在印度設立工廠所產生，為了媒合中國企業與印度政府、企業與勞動者，產生了許多翻譯職缺。這些中國企業提供的薪資相當優渥，吸引不少嫻熟中文與中國文

9 — 這些員工來自印度最貧窮的比哈爾邦（Bihar），極高的失業率使多數的比哈爾人必須外出至其他邦工作，為印度農業工業部門最主要的移工來源。

化的流亡藏人。

不過，德里豐富的工作機會雖然吸引了藏人青年湧入，但真正能於此安頓下來的並不多，根據流亡政府人口調查，流亡藏人的失業率仍高達百分之十七，失業者大多為十九至三十五歲，他們漂流於各個工作機會中，過著不穩定與不適應的生活，時常有失業者在街上蹓躂，有時與朋友結伴同行，有時四處串門子打探消息，有時無所事事地在路旁發呆。

遇見多傑（Dorjee）時，他剛結束為期四個月的翻譯工作。擁有中國初中學歷的多傑說著一口流利的中文，在四年前流亡至印度，曾短暫在西藏學校學習，畢業後就到了位在南印度的中國建設公司擔任工地翻譯。剛失去工作的多傑整天在MT閒晃，有時我才在幾天前看見他與久未見面的朋友有說有笑，幾天後便因新工作沒著落而垂頭喪氣，只能焦慮翻閱求職廣告，偶爾接到臨時工作才有一些收入。過了幾個禮拜，我在達蘭薩拉的街上又巧遇多傑，見著無所事事的他，我點了杯茶與他靠在長椅上閒聊，他哀嘆自己與印度社會的格格不入，在沒有工作的日子裡，無處可去的他不斷在德里與達蘭薩拉徘徊，四處打聽可以借宿的朋友家，盤算著該重回南德里工廠擔任翻譯，或是放棄流亡，返回熟悉的中國家鄉。

在四水六崗協會擔任會計的帕姆（Palmo）原本在印度企業上班，預期申請移民歐美而辭掉工作到MT等待。面對缺乏效率的印度官僚與有限的簽證名額，申請正式的難民簽證或非正式的移民管道曠日廢時，帕姆說，會計工作僅是為了暫時維持生活開銷，更重要的是，生活在MT的流亡社群中，方便她與朋友交流資訊與申辦移民手續，畢竟，漫長的等待是每個移民者的必經歷程。

「成為難民」的空間：流亡的成年禮

MT作為流亡藏人在德里的避風港，提供藏人許多工作機會與社會支持，然而有另外一群人以MT為基地，展開都市叢林的冒險，他們在步入成年階段跨出流亡社會的邊界，到德里與各式各樣的新奇事物相遇，在接觸印度社會的同時，也更激烈地與「國家」相遇。

因流亡藏人定居區大多位處偏遠，當地的社會也較為純樸，再加上以延續西藏文化傳統為重任的教育體制，使大多數藏人青年都在相對封閉的環境中度過童年，接受嚴格的課程安排，吃著相對單調的飲食，過集體住宿生活，因此，不少新一代的流亡藏人嚮往都市中無拘無束的生活。從十二年級畢業後，有些人選擇繼續升學，有些人嘗試找工作，有些人則純粹渴望不一樣的生活方式，無論目的為何，都市作為各種資源的匯聚地，成為許多藏人青年邁入人生下個階段的起點。

流亡印度已有十四年的青年塔益，從學校畢業後便與幾個朋友相約到德里生活。因為叔叔與遠在中國拉薩的親人會定期給生活費，沒有經濟壓力也不用受到家庭束縛的他，肆無顧忌地在MT過了一段「狂放不羈」的生活。塔益與五、六個朋友擠在Punjabi Basti公寓的狹小套房裡，一起吃飯、一起睡覺、一起尋找樂子。由於Punjabi Basti的主要居民仍為印度人，在此生活較不會受流亡社群有形無形的監視，一個月三千盧比的房租也比MT便宜許多，對藏人青年而言，是展開都市冒險的最佳基地。面對陌生的人群、車水馬龍的街道、繁華熱鬧的商店街、日夜顛倒的派對，無所拘束的塔益與朋友將所有精力花在狂歡，追求名牌、夜店、舞廳、飆車、喝酒，在城市的各個角落探險，嘗試新奇誘惑。

在流亡社會中，像塔益這樣自幼流亡的藏人青年並不少，他們與原生家庭分隔兩地，離開流亡教育體制後，並未如出生於印度的藏人有「家」可回。在脫離學校邁入成年的生命轉折之際，他們來到都市，延續同儕間的集體生活，互為彼此情感上、經濟上的依靠，成為流亡中的「家人」，一同探索截然不同的生活環境。

當然，不是每個人的都市經驗都如塔益這般瘋狂，更多的藏人青年是為創業、求職、升學、旅行等目的來到德里，但和塔益一樣，都是從封閉傳統的流亡社會游離出來，脫離學校庇護、安排、制約的生活方式，來到看似自由的都市，更進一步與印度社會接觸，在安頓生活、求職就學、冒險探索的過程中，藏人青年更切身地經歷「外在於印度社會」的身分狀態，因而進入一場釐清自己「身為難民」的成年禮。

我在達蘭薩拉語言課堂上遇見塔益時，他已離開 MT 一年多，雖然貪玩依舊，但已不再是渾渾噩噩過日子的青年，他清楚地向我分析身為難民所帶來的種種限制，並在此基礎上盤算著未來。他回想起那段在德里的日子記憶猶新：「那時候好玩的喔，白天睡覺、晚上跳舞，每天都要跟朋友聚，吃飯、喝酒再出去蹓躂，亂七八糟快樂得很。要是給父母知道我過著這樣的生活，肯定會把我打死。」這樣的生活過了一陣子，現實還是逼著塔益告別糜爛，開始認真思考流亡印度的意義與如何在此自力更生。歷經幾番思考，塔益衡量自己的能力與優勢來到達蘭薩拉，憑藉過往在中國生活所積累的社會文化資本，開始經營中印之間的代購生意，並參加 NGO 組織舉辦的中文課程，期許未來能成為一名翻譯。塔益強調，這是考量自己處境後的一種「選擇」，之所以擔任中文翻譯，一方面是對難民的工作限制，另一方面也是因這項能力使他在面對未來的不確定性時，能保有足夠的適應力，無論以後要返回中國、留在印度或移居歐美國家，中文能力可讓他在不同地方尋得工作機會。

透過工作、讀書、交友、旅行、租屋、被警察盤查、參與倡議行動、申辦文件等各類活動，都市生活使藏人青年更直接面對印度國家的治理；透過在不同場域活動，藏人青年具體認識難民／公民、流亡社會／公民社會，於法律、認同、社會文化、政治經濟條件的差異，最終在各式各樣的邊界劃定後，切身地理解「活為難民」的生命處境。最終，青年藏人陸續找到回應生存課題的方法，有些人在都市找到適當的工作、有些人下定決心跳機西方、有些人回到定居區經營生意。但也有些人看不見未來的可能性，因而放棄流亡回到中國、有些人因失去夢想而灰心喪志、有些人則在痛苦中選擇以自焚結束了青春[10]。

難民的階層化

政治代表性：印度政府與西藏流亡政府

舊營區北端的寺前廣場是 MT 最主要的公共空間，由哲蚌寺（Drepung ngagpa）與蔣秋林寺（Jangchupling lhakhang）兩間寺院圍繞，時常舉辦講座、法會等活動，較早成立的宗教、婦女、商業、地緣組織辦公室皆設立在此，包含本地居民協會。

本地居民協會已在前文中多次出現，是以「本地居民」為主體的自治組織，早在 1965 年由當時開墾 MT 的居民自發性組成，歷史悠久，是流亡藏人最早在 MT 成立的組織，有獨立的運作模式與規則，並不隸屬於流亡政府管轄，起初成立的目的在於促進居民互助並協調社群內部事務，用以克服流亡之初艱困的生活環境。直到 2004 年，本

10 — 在一部改編自自焚者益西（Jamphel Yeshi）故事的電影《英雄》（Pawo）中，講述一位從西藏逃至印度的藏人青年多傑（Dorjee），如何在 MT 展開生活並體會作為難民的困境。最終，積極參加各式抗爭行動的他，在一場遊行中披上西藏國旗，選擇以自焚表達自身痛苦，同時展現對自由西藏的意志。2022 年 2 月，曾參加中國選秀節目的西藏歌手才旺羅布在布達拉宮前，也以自焚結束自己年僅 25 歲的生命，根據統計，自 2009 年至 2022 年，有 158 名藏人自焚以抗議中國政府，當中 10 名自焚者來自印度，請參考 https://www.rfa.org/english/news/tibet/potala-immolation-03042022175112.html，取用日期：2022 年 3 月 14 日。

地居民協會才根據《1960年社會註冊條例》（Society Registration Act of 1960）向德里都市發展局註冊[11]成為正式組織。之所以會註冊，是因當時MT正面臨拆遷危機，本地居民協會在得知德里市政府將執行「非法定居區正規化」政策後，決定與印度政府建立正式溝通渠道，並改以New Aruna Nagar（印度政府對MT的官方稱呼）為正式名稱。

本地居民協會由主席、秘書、會計等七名無給薪職員組成，保障僧院與女性代表各一名。主席由協會成員選舉產生，原則上五年一任，成立至今已更換二十多任主席，協會成員並不包含所有在MT生活的流亡藏人，只有土地擁有者及其家庭成員才具備資格。根據2007年的土地清冊，協會成員有三百八十五戶家庭、約一千名藏人，大多是第一批來到MT避難的流亡藏人與其後代，這些人透過開墾荒地而建立土地「所有權」[12]，只有少部分是近年透過土地購買而擁有產權的移入者。

本地居民協會取得法律保障，一方面因為正式註冊，另一方面是由於「部分」成員的公民身分，而取得在印度社會中運作的合法性。由於印度政府曾有條件開放藏人取得國籍，因此有不少在印度出生的本地居民擁有公民身分，這些人受一般法律保障，能採取遊說、訴訟、選舉等行動[13]。因法律保障與擁有土地所有權，本地居民協會成為MT

最活躍的地方自治組織，負責管理各項資源、調解各項紛爭、興建公共建設[14]、維護社群秩序。

MT 還有一個重要組織是代表流亡政府的桑耶林辦公室（Samyeling office），該辦公室與其他流亡政府機構一齊設立在新舊營區的交界處。桑耶林辦公室位在流亡政府西醫院的二樓，左側緊鄰著 MT 唯一的一所學校——西藏小學（TCV Day School Samyeling）。桑耶林辦公室設有主席與三名行政人員，皆為流亡政府指派的公務員，薪水由流亡政府支付。

桑耶林辦公室成立的時間較本地居民協會晚，在 1984 年才來到 MT，隸屬流亡政府（Central Tibetan Administration）內政部門（Home Department），是流亡政府在各

11 — 居民協會在印度相當常見，其並非政府組織，而是不具備公權力的法人團體，類似於台灣的社區發展協會，負責代表社區居民與政府協調基礎設施修繕或參與法律訴訟。一般來說，本地居民協會的成員為社區中的房屋擁有者，但印度的許多非法佔居地也能透過成立協會，代表居民與印度政府溝通協商。

12 — 在 MT，土地所有權並非由印度政府或流亡政府所保障，而是由本地居民協會認定，其記錄資料為目前處理 MT 土地財產最主要的依據。

13 — 一般來說，擁有印度公民身分與難民定義屬於相互矛盾的狀態，但由於本書所討論的課題為難民處境，並非純粹從法律制度思考身分狀態，因此擁有公民身分並無法完全否定藏人生活在難民處境的狀態。實際上，擁有印度身分的流亡藏人並不罕見於流亡社會。

14 — 公共建設牽涉與印度國營單位聯繫，因此主要由本地居民協會負責，包含 MT 主街的道路修繕、水電佈線、網路架設等工程。

定居區設置的基層行政單位，負責統合流亡政府的各項資源與政策執行。由於 MT 並非正式定居區，桑耶林辦公室並未能如正式定居區的辦公室擔負地方政府的角色，自上而下進行整體規劃及制定規範，僅能透過醫療、教育、就業、行政等服務介入 MT 流亡社群運作。不同於本地居民協會以服務本地居民為主，桑耶林辦公室服務的對象為「全體」流亡藏人，每日都有許多藏人從 MT、Punjabi Basti、德里市區前來洽公，有些人為了申請旅行證件，有些人繳交獎學金申請資料。桑耶林辦公室與西藏小學、藏醫院（Men-Tse-Khang）與西醫院同屬流亡政府管理，與地方政府組織相比，桑耶林辦公室就像便民服務的行政窗口。不過，桑耶林辦公室作為流亡政府的一部分，其實無法正式與德里的地方政府溝通，必須回到中央層級透過流亡藏人中央救濟委員會（Central Tibetan Relief Committee, CTRC）[15]間接與印度、德理政府、聯合國難民組織交涉。從另一個角度來說，桑耶林辦公室或許更像是流亡政府的外交辦事處，維繫流亡政府與德里流亡藏人的關係，使他們能夠被包覆在流亡的國家體系中。

就我過往所學，無論以鄉鎮、社區或者是部落，在封閉社會進行田野的第一項工作便是取得「守門人」（gatekeepers），也就是地方意見領袖的同意。守門人可以是部落頭目、地方耆老、長老組織，也可以是村里長，取得他們的同意就像獲得一張「田野通行證」，決定接下來能否順利地進行研究。但當我帶著尋找守門人的想像來到MT，這種具有單一權力中心的政治模型，反而成了我剛進入田野時的最大束縛，面對著要求研究者「現身」的田野倫理，我始終不知該從何下手。望著同樣宣稱是重要地方自治組織的本地居民協會與桑耶林辦公室，我無法在一開始釐清他們之間的關係，深怕避免不小心陷入地方的政治角力，一直未與他們接觸。

幸好，MT的街道上充滿來往的觀光客與朝聖者，當地人也早已習慣各種面孔與膚色，有著漢人外表的我能夠輕易隱匿在日常的風景中，四處打探消息又不致造成騷動。開始田野一個月後，我為了思考空間規劃、公共建設、土地制度等議題，不得不與兩個組織聯繫，才重塑我對MT政治運作的原初想像。

若是在正式定居區進行研究，流亡政府的角色相對明確，通常能將其視為地方自治的核心，不同組織的分工與連結相對清楚，只要取得流亡政府地方辦公室的同意，幾乎

15 由於印度政府並不直接承認流亡政府，必須透過第三方機構才得以相互溝通與協商，流亡藏人中央救濟委員會便是主要渠道。

可算是踏入田野的大門，再進一步接觸其他組織，便能將其意見理解為「官方說法」。然而在 MT 這非正式定居區，當我試著尋找 MT 流亡社群的守門人時，看見的反而是本地居民協會與桑耶林辦公室的曖昧關係。如前所述，兩個組織的最大差異在於背後權力基礎與服務對象不同，本地居民協會是向印度政府合法登記的自治組織，而桑耶林辦公室則是流亡政府的基層辦事處，兩個組織分別受印度政府與流亡政府背書，服務對象也分別為本地區民與廣義的德里流亡藏人。

彼此的差異，也清楚呈現在組織介入 MT 社群生活時的不同方法。本地居民協會的工作範疇以具體的 MT 空間為主，能夠以「社團法人」的身分代表 MT 與印度政府互動，作為能與地方政府直接的溝通橋梁，處理的事務更貼近 MT 的生活細節，像是派代表參與印度官方的國慶升旗典禮、已故總理紀念儀式等重要活動。藉由本地居民協會，MT 被導入印度城市治理的一般脈絡，而非純粹是難民空間的例外邏輯，在執行水、電與道路整修等基礎民生工程時，本地居民協會也是 MT 直接與地方政府協商的窗口。2006 年的迫遷危機[16]，即是由本地居民協會代表上法院爭取，桑耶林辦公室反而僅能間接提供協助。在 COVID-19 疫情期間，本地居民協會參與地方性的防疫工作，發放防疫物資、人流管制與空間清消、組織 MT 的流亡社群，共同抗疫。

然而桑耶林辦公室因代表流亡政府，組織成員能代表西藏流亡政府出席正式活動與發言，在緊急狀況時，也能運用流亡政府的資源。在說明 MT 歷史時，桑耶林辦公室的主席多杰（Topgyal）經常使用「我的定居區」（my colony）指涉 MT，藉由「所有格」強調他是 MT 流亡社群領袖的形象。多杰也偏向從流亡歷史的宏觀視角描繪 MT 的發展歷程，並將空間、人口狀態置放在流亡社會的脈絡。在 MT 祈福法會上，他以東道主的身分出席，代表 MT 居民一一向參與者致謝並頒發禮物，此時本地居民協會主席則是居次一旁，負責傳遞物品。桑耶林辦公室在 COVID-19 疫情期間，雖也有發放防疫物資，協調各定居區交通與防疫規劃，但更重要的是代表流亡政府協助滯留德里的藏人返鄉。

因為能動用的資源與目標服務對象不同，常使本地居民協會與桑耶林辦公室兩組織具代表性的場域交錯，面對同一議題時也經常意見相左。2014 年，印度政府新制定的《西藏難民政策》（Tibetan Rehabilitaion Policy）其中一條要將所有定居區土地交由流

16 當時印度中央政府打算進行大規模都市更新，因 MT 被劃在執行道路擴張與亞穆納河的整治計畫中，而面臨剷除危機。

亡政府管理的政策將大幅改變原有權力結構，因此在MT引起騷動。站在流亡政府的角度，桑耶林辦公室主張西藏難民政策是保障MT最好的方式，然而從在地居民的角度，本地居民協會認為此舉將嚴重損害在地居民的權益，導致爭論不休[17]。

針對流亡藏人取得公民身分的議題，兩個單位也有截然不同的看法。流亡政府將無國籍的狀態視為維繫文化認同、集體意識、政府影響力的關鍵，認為擁有公民身分將會弱化流亡藏人對「西藏志業」[18]的使命感。本地居民辦公室則認為，取得體制保障是穩固生活的必要途徑，強調擁有公民身分與更好的物質生活，並不會減損身為流亡藏人的責任與義務，反而能夠強化流亡社群政治力量。

面對MT流亡社群的發展，在流亡政府擔任官員

桑耶林辦公室與本地居民協會的比較

	桑耶林辦公室	本地居民協會
角色	流亡政府內政部的地方代表	德里市地方自治組織
主席產生方式	由流亡中央政府指派	由本地居民選舉產生
代表性場域	流亡的西藏國家	印度國家
權力基礎	流亡政府國家象徵權力、社會福利、行政資源	印度法律保障、生產工具
服務對象	以居於 MT、Punjabi Basti 與德里附近的流亡藏人為主	以 MT 本地居民為主

的桑頗（Sampo）感嘆：「過去MT是流亡藏人抗議中國的政治基地，現在竟成了賺錢的天堂。」噶瑪則積極肯定MT的商業發展，驕傲地表示在地居民靠著「自身」的努力，才能在荒蕪河埔地上創造今日的繁榮，改善了許多流亡藏人的生活。

印度政府「懸置」的空間治理方式，使MT成為少數未被流亡政府統轄的流亡社群，並成為兩個國家力量交會互動的場域[19]。桑耶林辦公室作為流亡政府的代表，得以在缺乏公權力、強制性的狀態下，動員大多數的流亡藏人，將MT納入流亡的國家領土，將其命運扣連在整體流亡藏人的生存處境；本地居民協會雖以服務本地居民為主，卻在印度擁有合法性，能直接參與印度社會的運作，不受限於印度對流亡藏人的整體政策。藉由本地居民協會與桑耶林辦公室，MT同時被鑲嵌至印度與流亡西藏的國家體系中，這兩股國家力量時而交錯、時而矛盾，形成特殊的流亡藏人社會治理狀態。

17 — 請參考 Balasubramaniam, Madhura and Sonika Gupta, 2019, "From Refuge to Rights: Majnu ka Tilla Tibetan Colony in New Delhi." kritisk etnografi – *Swedish Journal of Anthropology* 2(1-2):95-109.

18 — 西藏志業（Tibetan cause）：是以西藏自由為崇高理想所採取的行動，是流亡藏人在其一生中不斷面對的課題。

19 — 請參考 McConnell, Fiona, 2016, *Rehearsing The State: The Poliical Practices of the Tibetan Government-in-Exile*. UK: WILEY Blackwell. pp.77-78.

命運的分水嶺：難民政策的轉向

無論是流亡政府或印度政府，今時今日治理流亡藏人的方式已與六十年前有天壤之別，難民政策因應國際局勢、藏印關係、流亡社會發展而產生變化，不只影響流亡藏人的群體命運，也沿著個人生命歷程差異，產生截然不同的結果。

在我問起MT流亡社群的組成特性時，多杰將MT人口分成三類：第一類是由土地所有者及其家庭成員組成的本地居民（前文已稍作描述），第二類是1979年後的流亡藏人，第三類則是2000年後的都市移民[20]。他以「1979年」為分水嶺，作為標定流亡藏人命運的轉捩點，說明了印度政府在面對流亡藏人時的態度轉變，造成此一時期後的流亡藏人，在MT過著相對困苦的生活。這是因為在1979年，印度政府大幅減少持續近二十年對流亡藏人的積極援助，停止核發RC（Registration Certificate，註冊許可證）[21]身分給新的流亡藏人，並不再慷慨地給予安置土地。此一轉變，意味印度政府不再視新來的流亡藏人為值得受庇護的難民，沒有RC的流亡藏人必須以其他名義留在印度，無法住在正式定居區，甚至陷入受驅離的窘境。到了1986年，印度政府更停止了對流亡藏人的所有物資援助，導致新來的流亡藏人面臨更加嚴峻的處境。

政策態度轉向，乃因印度政府開始將流亡藏人視為擾動國家秩序的麻煩分子，隨著流亡藏人定居區的蓬勃發展，流亡社群與地方社會之間產生資源競爭，並引發大大小小的衝突，在印度社會出現些許反彈的聲音；由於流亡藏人頻繁參與跨邊境活動，而與邊境少數群體交往漸深，也引起印度政府維持邊界安全上的疑慮；更敏感的是，隨著中、印兩國交往漸深，流亡藏人強烈的政治立場阻礙了中印兩國關係的建立[22]。隨著冷戰結束、中印關係緩和與印度社會全球化、現代化的發展，六十年前流亡藏人被印度政府視為協助國家發展勞動力與國際政治盟友而積極提供協助，如今已轉成為製造紛擾且需要

20 — 2000 年後出現許多遷居德里的都市移民，這些藏人為了工作、求學、旅行等原因來到 MT，大多擁有不錯的學歷與工作技能，能夠進入私人企業或在此創業。

21 — RC（Registration Certificate）：由印度政府依其外交法律核給流亡藏人的身分文件。持證的藏人必須每年向政府機關更新文件。1979 年後停止核發 RC，因此晚期流亡的藏人多無合法文件，面臨逮捕、驅逐、監禁與罰款的風險。RC 的取得在實務上雖有模糊含混的空間，如偽裝成印度出生的藏人，但多數於 1979 年至 2003 年間流亡的藏人仍無印度官方核發 RC 的身分。請參考 Tibet Justice Center, 2016, *Tibet's Stateless Nationals III: Tibetan Refugees in India.* Oakland, CA.: Tibet Justice Center. pp.40-49.

22 — 請參考 Rofle, Ella, 2008, "Refugee, Minority, Citizen, Threat: Tibetans and The Indian Refugee Script." *South Asia Research* 28(3): 253-283.

被質疑的對象。

面對政治與經濟資源的大幅銳減，1994年後流亡政府開始鼓勵流亡藏人「自願回歸中國」，官方說法是要維持中國藏人的人口比例，讓西藏文化不至於在中國消失，然而更實際的是減少財政支出與流亡社會人口飽和的壓力。面對新流亡的藏人，流亡政府將援助重點轉向提供短期的語言教育、職業訓練，期望藏人在學習後迅速自立更生或返歸中國家鄉[23]。

直到2003年，流亡藏人身分的合法性問題才稍微有了轉機。當時印度政府同意有條件的恢復RC申請，凡是經尼泊爾入境的流亡藏人得以「難民」、「朝聖」、「教育」、「其他」名義先取得SEP（Special Entry Permit，特別入境許可）[24]證明文件，入境後再持SEP至達蘭薩拉，將其轉換為RC[25]。但印度政府在2005年又取消SEP中的「難民」類別，意味流亡不再被視為來到印度的正當理由。此後的藏人改以「教育」與「朝聖」名義申請SEP，到了2016年更是只留下「教育」與「其他」兩項類別，加深流亡藏人取得庇護資源的難度。即使面對如此窘迫的身分待遇，以及資源匱乏的生活條件，仍有許多藏人選擇冒險留在印度。

回到多杰所作的流亡藏人分類，我們必須更細緻地依流亡時的年紀區分出差異，在1979年後的「成年」流亡藏人不再被安置於定居區，也未受過足夠的教育，必須在短時間內找到工作機會，因而向都市聚集，在MT經濟體中形成較為邊緣與弱勢的群體；但同樣在1979年後流亡至印度的「年幼」流亡藏人，則能在接受良好的教育後，取得在印度社會中生活的能力，這些藏人青年大多是看準商機而來到MT，擁有充足的工作技能與資金，且勇於嘗試各種可能性。

跨越社會邊界：流亡的社會文化資本

1960年代數以萬計的流亡藏人，為了逃離戰亂而流亡南亞，當時庇護國的首要任務是安置流離失所者。面對全然陌生的社會環境，流亡藏人開墾荒地、建立合作社等組

23 — 請參考 Hess, M. 2009. *Immigrant Ambassadors: Citizenship and Belonging in the Tibetan Diaspora.* Standford : Standford University Press.，pp85-88. Tibet Justice Center, 2016, *Tibet's Stateless Nationals III: Tibetan Refugees in India.* Oakland, CA.: Tibet Justice Center. pp.17-21.

24 — 特別入境許可（Special Entry Permit, SEP）：由印度外交部所核發，在流亡藏人入境尼泊爾時，由印度駐尼泊爾大使管取得，SEP 若以教育為名，期限為一年，憑此 SEP 可以轉申請 RC，但若以朝聖為名申請，期限則不超過半年且無法轉換為 RC。

25 — 請參考 Tibet Justice Center, 2016, *Tibet's Stateless Nationals III: Tibetan Refugees in India.* Oakland, CA.: Tibet Justice Center. pp40-49.

織，以「集體」的力量轉化外界挹注的援助資源，逐漸在各地定居區發展出穩固的生活。時過境遷，今日已不再有大規模逃亡的難民潮，每年流亡印度的人口減少至數百人[26]，流亡社會也從暫時安置轉向思考社群該如何長遠發展。隨著流亡社會運作趨近穩固，晚近流亡的藏人需要面對的是援助資源緊縮、人口飽和與社會規範已然建立的流亡社會。在資源缺乏的情況下，流亡藏人必須跨出流亡社會尋求發展機會，因此具有「跨越社會邊界」的能力就顯得格外重要。MT 作為流亡社會與印度社會的連接埠，提供流亡藏人有機會與都市經濟體相連結，但隨著「個人」擁有的資本差異，他們能參與的方式也天差地遠。對 1979 年後隻身來到印度的流亡藏人來說，安置空間、制度保障與社會資本的缺乏，使文化資本成為他們與印度社會連結的關鍵，而積累文化資本的主要途徑，便來自流亡教育。

在流亡政府、印度政府、國際社會對教育的重視下，有大量的資源挹注到流亡社會的教育部門，流亡政府教育部有六十三間學校，遍及印度、尼泊爾各定居區，學費低廉或甚至免費，大幅減輕藏人家庭的經濟負擔，面對學童不同的家庭背景，也以日間或寄宿方式提供照護。如今，「受教育」在流亡社會中已相當普及，有些學校甚至提供非藏人學童就讀。不過，實際上並非每個人皆能取得相同的教育資源，依照藏人流亡時的「年紀」不同，可以接受流亡教育的時間、內容也有所不同。

流亡教育與印度學制相同，基本教育為十二年，包含三年學前教育、五年初等教育與四年中等教育。除了傳承西藏文化、延續自由西藏思想外，現代化知識亦為流亡教育的重點，授課內容包括認知科學、數學、科學、社會人文、語言、藝術等等。在印度出生與年幼流亡的藏人皆能受到完整教育，在十二年漫長學生生涯中，習得參與現代社會的各種知識，同時熟悉印度的語言、社會與文化，有效降低他們與印度社會、國際社會之間的隔閡。受過完整教育的流亡藏人具備適應現代社會的能力，能夠選擇繼續升大學、進入印度就業市場或至國外發展，在印度社會與國際之間建立各自的人際網絡。在MT，商家老闆通常接受過完整的基本教育，能說流利的印地語與英語，不僅熟悉印度社會運作，也擅長與印度人交往，具備商業頭腦；更有不少人的創業資金累積自過去在

26 — 根據西藏正義中心 2016 年的報告，2006 年約有 2600 名流亡者向尼泊爾聯合國難民署申請庇護，2008 年在中國加強邊境管制後銳減至 652 人，2014 年則僅剩一百人。請參考 Tibet Justice Center, 2016, *Tibet's Stateless Nationals III: Tibetan Refugees in India.* Oakland, CA.: Tibet Justice Center. p.26.

印度職場的積蓄，能夠有效地將文化資本轉化為社會與經濟資本。

但若流亡時的年紀較長，能從流亡教育體系取得的資源就會隨之減少。十三、四歲流亡印度的塔益與曲珍，到印度時已是該就讀中學的年紀，他們同樣受流亡教育安置，到西藏學校就讀五、六年時間，不過，那時缺乏現代科學知識、不熟悉英語、印地語與西藏官方語言[27]的他們，無法與同齡的藏人一齊上課，必須降級就讀或安排至特殊學校。在學齡階段流亡印度的藏人，雖仍可以透過流亡教育培養適應印度社會的基本能力，但在語言上無法流暢地與他人溝通，因此較難以跨出流亡社會的界線，想進入印度就業市場或勝任專業工作並不容易。

十八歲以上成年流亡藏人的流亡教育資源更為匱乏，且教育方向轉為短時間的職業訓練，目的是為了讓其可以儘快自主謀生。一般來說，成年後才流亡的藏人會被安排至成人學校，接受一年的基本語言與職能訓練，畢業後便須自力更生。倘若流亡時已超過三十五歲，流亡教育體系便不再提供資源，因此有許多年長的藏人轉向僧院體系尋求協助。這些流亡時已過學齡階段的藏人，有些在MT的餐廳、旅館當服務生，有些則經營小吃與雜貨攤，他們通常缺乏專業技能，語言能力也有限，缺乏跨越社會文化隔閡能力，使他們的經濟參與、未來想像、社交生活被大幅度侷限，多是從事低技術、低資本與勞力密集的工作。

不過，隨著近年來中國的經濟影響力漸增，中、印兩國的貿易頻繁，也提供了成年流亡藏人新的發展機會。成年流亡的藏人雖然缺乏進入印度主流社會生活的充分條件，但因曾在中國接受教育，具備基礎中文能力並熟悉中國文化，能夠作為媒合中國企業、印度勞工與印度社會的中介者。如德里南方的衛星城鎮諾伊達（Noida）與古爾岡（Gurugram）便是中國工廠聚集之處，在此工作的藏人大多在工廠擔任翻譯、工頭，然而其角色不僅是作為中、印、英之間的語言翻譯，更包含文化習俗的轉譯。除此之外，圍繞工業區周邊形成的中國社區也提供許多就業機會，不少流亡藏人在中國餐館、飯店擔任幫廚，服務來自中國的消費者，每逢週末也有許多中國籍工作者到MT購買包子、饅頭，吃上一頓川菜再離去。

而在MT常見的非正式跨國經濟中，中國也是主要的商品輸出地。有些是民生用品

27——流亡政府的官方語言為衛藏藏語，由於不同西藏地區通行的語言略有差異，因此非衛藏藏語使用者仍需學習官方語言。

的寄送，有些則是珠寶、宗教物品的買賣，尤其近年來印度生產的成藥與保健食品，成為銷往中國的熱門代購商品。在代購經濟中，買方與賣方必須有一定的信任關係，才能夠降低非正式經濟活動帶來的風險。成年後流亡的藏人大多與中國的親友維持緊密連繫，在此信任基礎下將他們作為中國方的合作窗口，媒合中印兩端的金流、商品與消費者，這些還留在中國的親友，成為流亡藏人的重要社會資本。

在藏人跨出流亡社會、建立經濟網絡的過程中，接受良好流亡教育、甚至擁有家族奧援的流亡藏人，有能力進入印度社會或西方世界發展，然而缺乏家庭與教育資源的流亡藏人，必須繼續在人口飽和的流亡社會中謀生，或是與中國連結來尋找生活機會。

流離、根著與階級

在人、貨物、資金、資訊的頻繁交流中，MT 作為流亡社會參與全球化與現代化的連接埠，儼然成了一座以流亡社會為主體的國際城市。透過經營生意、求學就業、旅行朝聖、探親移民，流亡藏人由此前往世界，來自世界各地的旅客與商品同樣經由此地進入流亡社會。然而，當 MT 從難民接待處發展成商業城市，本地的流亡社群也不再是以「同為難民」的相似性為團結基礎，而是在複雜的經濟體系中，轉化成充滿差異且交互分工的有機社會，並在商業發展的催化下，隱隱形成內部的階級關係。在這裡必須說明，流亡社群內部的多樣性不僅僅是個人的選擇，更必須沿著流亡歷史與個人生命史的時間軸線，看見不同時期的難民政策與生命歷程，如何影響流亡藏人所擁有的資本，進而影響其生活的可能性。

從安置空間到成為生產工具

不同於受明確制度管理的正式定居區，MT 因被懸置在正常法律外，其土地的使用權、所有權、使用規範皆於法無據。對印度政府來說，MT 可以是國家「暫時」騰出給難民的安置地，也可以是非法占用國家土地的違章聚落，印度政府始終保有隨時收回 MT 土地的權力；然而站在流亡政府的立場，雖然可以宣稱 MT 為行政區之一，但因沒有獲得印度法律的授權，無法以地方政府的姿態治理空間，僅能提供各種福利參與 MT 社群的運作。在曖昧不明狀態中，由本地居民組成的本地居民協會，因擁有土地且鑲嵌於印度法律制度，反而成為MT最具影響力的自治組織，能夠對空間進行實質的管理與規劃，最為核心的權力便是制定土地規範。

原本用以安置難民的空間，隨著土地的私有化與MT商業化發展，使原本的受安置者成為土地的所有者，透過投資旅館、商城、公寓等建設而經濟無虞，像是MT最令人稱羨的家族企業旗下便擁有四間餐廳、一間旅館與長途巴士公司，即使如噶瑪或明瑪，也在繼承了家族財產後，透過收租、買賣土地、投資餐廳與旅館獲得安穩生活，不像來到MT創業、就業與經營路邊攤的外來移民[28]，必須為了每個月的生活開銷而汲汲營營，即使事業有成也無法安定，許多人存夠錢便踏上二次流亡的旅程。經濟資本的巨大差距撐開了MT流亡社群的階級張力，這個差距不僅表現在物質生活上，更造就彼此於未來想像、政治實踐、社會參與地方認同上的斷裂。

本地居民與外來移民

「那些外來移民不會真正為MT著想，他們只是來賺錢，賺完錢就離開，沒有長期的打算。」噶瑪對外來移民低度參與公共事務的現象感到非常焦慮，因為每次本地居民協會舉辦居民意見大會、祈福法會與節慶活動時，就會面臨籌備人手不足的窘境，即使能順利舉行，出席的人數往往也不到三十人，大多還是上了年紀的長者，很少看到外來移民參與。噶瑪認為外來移民都是逐利與自私之人，不在乎 MT 流亡社群的長遠發展，僅是到這裡取用各種資源，獲得利益後便會離開。

「我不知道，那是那些有房子的人的事。」這是央宗對 MT 各式活動的標準回應。每當我問起張貼在街角的文宣海報或在寺前廣場舉行的說明會與法會，央宗總是一副不知情、不在意的樣子，就算我想多討論幾句，她也是興趣缺缺。實際上，央宗每天都會經過這些貼滿訊息的街角，但她從來不在乎上頭寫了些什麼，即使她每天花不少時間與朋友聊天，但也多是聊八卦而非社區事務。在 Punjabi Basti 租屋的索南也是習慣置身在 MT 的各種事件之外，好幾次我興致盎然地邀他一同參加文化表演，也僅得到冷淡的拒絕。身為 MT 外來移民，他們從未如本地居民一樣，對我的在地分享積極給予回應。

28 — 根據流亡政府官方資料，生活在 MT 的居民約有三千人，但實際註冊的本地居民卻只有一千零五人，大部分的土地是由此三百六十五戶家庭持有，其餘三分之二的人皆為 MT 的外來移民，請參考 https://centraltibetanreliefcommitee.org/settlements/tibetan-settlements-in-india/north-india/samyeling-delhi/，取用日期：2021 年 9 月 19 日。

為了瞭解 MT 發展的歷史，我與多數研究者一樣，以滾雪球的方式進行田野，試著沿著流亡藏人的網絡社會觸及更廣泛的人群。這顆雪球雖然不停滾動，但很快出現一道難以跨越的社會界線，因為只要問到晚近才到 MT 的流亡藏人，就會得到這樣的答覆：「我才來沒多久，這裡的過去我不知道」、「這裡都是移民，我也不認識哪裡有知道的人」、「你去本地居民協會問問，他們才是本地人」。取得 MT 歷史材料的困難，並非因為我接觸到的藏人是剛到 MT，對這裡的過去一無所知，而是他們有意識地拒絕進行歷史表述，直到我後來學會不再以嚴肅的歷史進行發問、換個語境後，他們就比較樂於對 MT 過去發生的事件侃侃而談。相反地，即使我不主動詢問，本地居民總是以驕傲、自信、以第一人稱的方式講述 MT 發展的歷程，積極翻找各種資料給我參考，即使大多與 MT 沒什麼實質相關。

因擁有土地並在此生活了好幾代，本地居民將 MT 蓬勃發展的現狀視為我群努力的成果，展現出強烈的地方認同；外來移民則大多位處於 MT 流亡社群的邊緣，始終未曾將自己視為歷史主體，將 MT 的過去、現在與未來視為他人的故事，這樣的差異在我的田野經驗中形成極大的對比。

本地居民大多在印度出生，擁有充足的社會經濟資本適應印度社會，也同時擁有一塊能夠安居的土地。在公民身分、社會關係與土地所有權的保障下，MT 的本地居民獲得進行長遠規劃的條件，能夠投注大量的資金建造房屋，在購置裝潢、冰箱、水電設施時，不需考慮隨時可能被搬遷的潛在危機。從未去過西藏的噶瑪告訴我：「若有一天西藏已迎來自由，我可能也沒辦法回到西藏生活，畢竟我熟悉的一切都在印度。」當空間不再被任意的剝除、摧毀、沒收，此處也將成為親屬關係、經濟組織、社群紐帶得以附著、人們得以棲居的地方，而不再是暫時安置的難民接待所。儘管在流亡社會中，難民不會將印度稱為「故鄉」，但不可諱言，在印度出生的第二、三代流亡藏人已漸漸習慣了流亡生活，並積極在此參與家、家鄉與國家的構築。

在外地移民中，有些人來自其他定居區，在印度擁有社會與物質意義上的「家」，但有些人則是在缺乏居所的狀態下來到都市，沒有任何能夠「回去」的地方，必須經常處於四處流動的狀態，使外來移民在 MT 的生活始終帶著高度不確定性，難以與鄰里、土地、環境建立長遠的關係。尤其是在 1979 年後流亡的藏人，他們的生活更貼近「流離」狀態，如央宗與家人被無法跨越的國界阻隔在兩地，必須「租」屋在外或「借」居於親戚朋友家，在其流亡印度的生活經驗中，並不存在可以「回歸」與「扎根」的地方。流離者的生活是臨時而且隨時會變動的，他們經營小店鋪、參與代購生意與底層勞動，就算在MT生活了數十年，房間依舊簡陋，難以產生安全感、歸屬感與認同感。在這裡，「流離失所」意味著當回到西藏的理想被無限期推遲，落地生根也顯得不切實際，難民只能將未來寄託於世界局勢的改變與再次流亡到其它國家，造成當下生活與未來之間的不連續斷裂，最終使生活懸浮在其所居住的土壤之上。在這情況下，MT的生活成了流亡人生的短暫片刻，僅是介於起點與終點之間必須通過的節點。

以本地居民／外來移民作為一種分類方式，兩者之間的差異，並不只在於生活時間的長短，而是不同群體建立自身與空間關係的方式差異，前者彷彿意味著生活的塵埃落定，後者則持續被賦予流離失根的隱喻。「根著」與「難民」一詞，兩者雖看似是相互矛盾且政治不正確的反義詞，但當我們暫時拋開對生命政治的抽象表述，進入實際的生活情境，則有可能超越公民／難民與流離／根著既有的二元劃分，透過MT土地所有權與階級差異，我想強調的是，「流離」指的不僅是現居地與原生地之間的遙遠距離，更重要的是生活在拒絕其「著根」的場域上所產生的生活經驗。在MT的流亡社會中，我們認識的不僅是流亡自「原居國」、於時間、空間上具有相同起點的難民，也包含陸續在不同時期踏上流亡的難民，與未曾擁有原居國生活經驗而在庇護國「土生土長」的難民。當我們不再將「流離失所」視為描述難民的標準答案，就必須重新思考過去理解難民的方式，從難民的生活經驗出發，更細緻的釐清生活場域與家、家鄉、國家的關係，才有可能重新詮釋「活為難民」的生活處境。

難民政策分期與生命歷程所造成個人資本差異

難民政策分期 / 生命歷程	資源類型	1959~60s 系統性安置時期	1960s~1979 制度與資源維持時期	1979 年後 資源與保障缺乏時期
印度出生的流亡藏人	制度性保障	○	○	○
	土地分配	○配給	○繼承	○繼承
	家庭支援	○	○	○
	教育資源	○	○	○
年幼即流亡的藏人	制度性保障	○	○	△大幅縮減
	土地分配	X	X	X
	家庭支援	X	X	X
	教育資源	○	○	△
成年後亡的藏人	制度性保障	○	○	△大幅縮減
	土地分配	X	X	X
	家庭支持	X	X	X
	教育資源	X	X	X

說明：由於個人擁有的資本主要與流亡印度時的年紀與年代有關，因此橫軸與縱軸分別依「難民政策分期」與「個人生命歷程」來區分，藉此理解不同生命歷程所造成的處境差異。難民政策分期從較為普世性的視角說明流亡藏人集體面對的外部環境，「個人生命歷程」則說明流亡時機造成的資源差異，最終影響每個人適應當代印度、世界的可能性。

第三章

難民處境

當過去以「難民身分」、「難民營」作為認識難民的座標，已不足以解釋 MT 流亡社群的運作時，為了理解流亡藏人作為「難民」的意義，我們必須尋找新的工具、重塑認知難民的方式，以不同的觀點進行詮釋。在 MT 這種高度商業化、非典型的難民空間，我將「社會生活」置放在研究核心，透過考察人們的經濟活動、空間治理、族群互動與國族主義運作，試圖窺見難民經驗的產生過程，我認為，唯有經歷發生於生活中的種種事件，行動者才得以真切地「活」為難民，將難民概念內化至認同、價值觀與生活方式，而不再只是抽象的標籤。

國家，一種結構性效應

對難民研究而言，如何理解國家，是一個難題。傳統上，我們將國家視為一個獨立社會存在的政治實體，它合法的壟斷領土內所有暴力，用以維持社會治安。然而政治學家米切爾（Timothy Mitchell）認為，單純將國家視為獨立社會存在的機器，其實限縮了我們理解國家的方式。

米切爾將國家（state）與政府（government）的概念區分開來，指出人們所見的政府機構與國界，並非國家本身，而是「國家效應」將國家與社會「去鑲嵌」的實體化結果。他認為國家實際上是內嵌在社會整體的運作中，應被理解為發生在社會生活中的「結構性效應」。國家權力的運作從不侷限在特定的政治組織，而是滲透在社會生活的各個面向；將國家視為結構性效應，其力量源自社會中各種空間組織、社會安排、功能區分、監視監督等世俗運作，民族國家的特徵便是「邊界控制」，透過移民法、匯率控制、護照、海關、邊境圍籬等機制，將秩序強加於社會之上，並創造出明確的國家社會邊界。因此，米切爾將國家效應理解為具有強大隱喻的實踐效果，足以體現社會生活中各部門進行社會控制的總和，只不過藉著現代治理技術，讓人們誤以為它是外在於社會的實體存在[1]。

承接米切爾的論點，從國家（政治實體）到國家性（結構性效應）的抽象化思考，解決我們對流亡藏人進行難民研究時的一些煩惱。首先，當我們不再將國家理解為合法

1 — 請參考 Mitchell, Timothy, 1991, "The Limits of the State: Beyond Statist Approaches and Their Critics." *The American Political Science Review* 85(1): 77-96.

壟斷暴力以維持治安的「政治實體」，而是如微血管般幽微的埋藏在生活細節之「結構效應」，難民便不再純粹是受國家宰制的對象，反而成為參與國家運作的行動者，是國家效應的「乘載者」與「實踐者」。在處理MT流亡藏人的國家概念時，亦毋需再糾結於缺乏穩固領土、人民、主權的流亡政府「是否」為完整意義上的國家，因為觀察的重點已轉向釐清「印度國家效應」與「西藏國家效應」在MT的流亡生活中，如何產生影響？如何交錯與重疊？在描述MT人口、空間、社會關係時，也能夠超越國家／非國家的二元劃分，無論空間是否為正式難民營？個人是否具有難民身分？最後，研究對象不再被侷限於政府與難民組織的運作，而是將流亡政府、西藏學生會、紀念品店家、路邊攤販、印度公民等各式行動者納入分析，並且在法律政策之外，將貿易、教育、醫療、信仰等活動視為具有劃定難民邊界的事件。

「難民處境」是民族國家在打造、維持國家過程中產生的「副作用」，肇因於國家效應劃定、維持其人民與領土範疇時的外部效果與反作用力；當國家效應介定了國家公民社會範疇，也劃定了屬於非公民的社會邊界。人民與領土作為現代國家的正常內在組成，從難民與難民空間體現出的便是存在於國家身體之內，卻被劃分在正常界線之外的部分，藉由國家的排除與隔離力量，使生活處於無法隸屬於正常秩序的中介狀態，而被置入「活為難民」的處境。「活」是一個強調「此刻當下」與「時間延續性」的動詞，藉由描述流亡藏人如何「活」在難民處境中，得以看見形塑難民生活的歷史過程與行動者的能動性；「為」則有作為、如同的意義，強調難民般的生活僅是整體生活的一個面向，並非在流亡藏人與難民概念之間劃上等號。

由「活為難民」的概念出發，看見流亡藏人如何在生活中與國家效應相遇，便成為理解難民的關鍵介面。

難民的日常性

印度政府的國家治理：身分與空間

1.「不同」的難民身分

透過成立難民機構、發放難民文件、劃定難民空間，印度政府將「區隔於公民之外」的治理邏輯落實在難民日常生活中。身分文件作為政府管理人口最為直接的工具，清楚界定難民享有的權利與限制。RC（Registration Certificate，註冊證明）[2]與IC（Identity Certificate，身分許可證）是流亡藏人在印度「主要」[3]持有的兩種身分文件。由於印度並非聯合國難民公約成員國，因此RC作為流亡藏人在印度最重要的身分文件，便等同印度政府核發的「難民證」，標定「個人」是否為印度政府核認的難民；IC則等同流亡藏人的「護照」，是跨國移動時的必要文件。藉由這兩個身分文件的申請與使用，流亡藏人成為印度政府可辨識、計算、管理的人口，並以法律制度明確定義其權力。相反的，缺乏證件的人就可能被視為非法偷渡者。

不同於印度的公民身分證，RC並非終生持有，流亡藏人需要定期以「外國人」的身分向印度外交部申請更新，重新判定其是否仍擁有居留資格。RC的更新程序相當麻煩，除了要提交繁瑣的審核文件外，還需親自回到最初核發證件的單位，在那裡等待印度政府曠日廢時的行政流程[4]，一旦逾期，還需依逾期時間繳上一筆罰款[5]。更新RC的頻率因人而異，早期流亡印度的藏人持有RC的期限為五年，而流亡印度「僅」二十多年的央宗，則需年年更新RC，因此每年都得安排一趟「RC更新之旅」。

為了這趟「旅程」，央宗必須放下擺攤工作，從「現居地」MT花十多個小時車程至「註冊地」達蘭薩拉，先向流亡政府申請證明文件，再到印度外國人註冊辦公室（Foreigner Registration Offices, FRO）[6]申請更新，等待幾天審核通過後，再搭十多個小時的車返回德里。算起來，央宗每年為了更新RC需花費一星期左右的時間，還得加上住宿與交通費成本，時間與金錢對她來說都是一筆負擔。但相較於居住在印度各邦、偏遠山區生活的流亡藏人，央宗還算幸運，畢竟從德里到達蘭薩拉跑一趟的成本相對便宜許多。

RC的定期更新雖然麻煩，但申請IC需歷經的漫長等待與不確定性，才更消磨人

2 — 印度政府要求年滿十六歲的藏人都須申請RC，是流亡藏人普遍持有的身分證件。

3 — 至今有許多藏人因證件失效、偷渡、滯留或各種原因，並沒有正式註冊取得合法身分文件。

4 — 流亡政府對於RC申請流程的說明。請參考 https://tibet.net/step-by-step-guide-to-online-rc-registration/，取用日期：2022年2月19日。

5 — 根據報導，RC逾期一天至九十天，罰款為三百美金，逾期九十一天至兩年，罰款為四百美金，若逾期兩年以上罰五百美金。請參考 http://www.tibetanjournal.com/tibetan-refugees-rc-renewal-delay-could-cost-upto-500-in-penalty/，取用日期：2022年2月19日。

6 — Foreigner Registration Offices(FRO)隸屬印度內政部，是藏人辦理各類文件與印度政府的主要窗口。

心，就算一切順利，也至少需要花上一年時間[7]才能取得。IC是印度政府核發給無國籍者的旅行文件，是流亡藏人以「正規管道」進行跨國移動時的必要文件。為了申請IC，流亡藏人必須前往新德里的外交部護照辦事處（Regional Passport Office, RPO）繳交各式各樣的證明文件，包含取得流亡政府的擔保、出生證明與NORI（No Objection to Return to India，不拒絕返回印度）戳章。麻煩的是這些文件的申請流程沒有統一規範，隨著各邦制度不同，行政流程出錯或遭到拒絕是常有的事，若是離境超過十五天，還須取得外國人註冊辦公室給予的出境許可（exit-permit），重新入境則要先到當地國家的印度大使館取得回國簽證（return visa），對普遍不受信任的難民來說，每一文件的申辦皆為旅程增添無謂的難度[8]。除了申請上的困難，因IC並非印度行政體系常用的文件，導致IC持有者時常被各國海關人員視為可疑分子而遭到監禁審訊，即使願意費盡辛苦取得IC，也僅有少數國家會核發簽證給持IC通關的難民。在使用IC出境時被蓋上的「NORI」戳章，更詭異表達出印度政府「接納但區隔」的態度[9]。

面對申請身分文件的複雜與高風險，逼使流亡藏人常選擇以非正式的方式穿越南亞各國[10]。像是打算前往美國的曲珍，逢人就抱怨自己申請的IC不知什麼時候會發下；

跑單幫[11]的平措（Phuntso）熟知「各種」往返印度與尼泊爾邊境的方法；準備「跳機」前往瑞士的洛桑（Lobsang）則說，他打算先以甲國的假護照入境乙國，再從乙國換取丙國護照前往瑞士。旅行途中每一個需要出示身分文件通關的環節，皆不斷提醒著流亡藏人有別於印度公民的身分狀態，流亡藏人也清楚地明白這些與「印度政府」不愉快的交手經驗，如在行政體系反覆來回、不斷確認身分等，皆是對「難民」的審查，例外性的難民制度更使流亡藏人得面對模糊不清的規則，有時與握有極大權力的行政官僚打交道時，甚至要透過賄賂才能完成手續。印度政府正是藉著這些文件，將持有身分文件的流亡藏人置放在一套採用難民規則的遊戲中，藉由法律制度、警察系統、邊境管理的運

7 — 參考 ExileTibetans 網站上對於 IC 申請程序的教學，從流亡藏人實際辦理的經驗，保守估計需要一年。請參考 https://www.exiletibetans.com/countries/asia/india/papers-and-permits/，取用日期：2022 年 2 月 19 日。

8 — NORI 申請程序已於 2018 年取消，也可以線上申請入境簽證與出境許可，提升了流亡藏人出國的便利性，請參考 http://www.tibetanjournal.com/tibetans-no-longer-require-nori-for-ic-application/，取用日期：2021 年 9 月 21 日。

9 — NORI 戳章，除了用在流亡藏人，印度政府也會透過「NORI」對持長期簽證居住於印度的巴基斯坦、孟加拉、阿富汗公民來表達出境許可。這是印度政府處理這些與印度擁有歷史淵源，但並不擁有印度公民身分，處在既非國民但亦非外國人特殊狀態的人們之慣常做法。

10 — 同前註 9；鄧湘漪，2015，《流亡日日：一段成為西藏人的旅程》。台北：遊擊文化。第 175 至 182 頁。

11 — 跑單幫，是對於進行異地販售商人的稱呼，將甲地的商品帶至乙地販售，有的會再將乙地的商品攜回甲地。

作，產生集體的難民經驗[12]。

除了難以取得護照以跨國移動外，沒有「公民身分」更為流亡藏人帶來各種日常限制，像是無法進入公部門工作，也不具有取得許多執照的資格，因此流亡藏人能經營的行業與參與的經濟類型相當受限，絕大多數餐飲、旅宿、旅行社無法取得營業執照，雖然所提供的服務皆符合法律規範，但只能遊走法律的灰色地帶，在政府睜一隻眼、閉一隻眼的情況下經營。因為缺乏合法性，他們只能守住族裔內部市場，無法擴大經營，更必須有意識地避開與印度社會競爭，才不致被警察積極取締。對流亡藏人而言，身為難民的關鍵並非是擁有文件本身，而是取得與使用身分文件時的種種「集體經驗」。

面對諸多的就業限制，MT的流亡藏人發展出跨族裔（與印度人合資）的經營模式來突破制度限制，方能將業務拓展到印度社會。以旅行社為例，兌換金錢、經營長途巴士與旅行團這類服務內容，因觸及洗錢、人口販運的敏感問題，所以會受到嚴格的監控，因此小型旅行社的服務範疇僅限於代訂票券、旅行諮詢等，而較具規模能提供金錢兌換、長途巴士服務的旅行社，都是藏印合資經營。

也有許多藏人選擇乾脆避開政府的監控，投入低端全球化的經濟活動。根據尼泊爾政府的統計，印度與尼泊爾之間的走私經濟相當活躍，走私內容大多是來自中國與印度的藥品、金飾與生活用品等，光是 2018 年沒收的走私品價值便高達兩百萬美元[13]。在 MT 氣氛良好的咖啡廳與餐廳裡，我時常會看到商人在交換商品與買賣情報，他們的皮箱裡總是裝滿體積不大但價格不菲的珠寶與佛教飾物，若你表達出好奇，他們會非常樂意告訴你這些寶物的來歷。這些商人來往於中國、尼泊爾、不丹等地，在邊境間以跑單幫維生，MT 是他們來往各地的中繼站之一，可以在此休息、買賣、交換情報，等待下一次出發批貨。

不只是貴重物品，日常用品也常透過非正式的方式來到 MT，像是央宗雜貨攤上熱銷的乳酪、堅果、瓜子與酸梅，沒有完整商品標示，大部分來自中國一般家庭生產的農產加工品，其中不少就是「水貨」。最明顯的證據便是那些包裝看起來與中國產品無異

12 — 請參考 Falcone, Jessica and Tsering Wangchuk, 2008, "'We're Not Home': Tibetan Refugees in India in The Twenty-First Century." India Review 7(3): 164-199.

13 — 請參考 Dipesh Kumar K.C., 2019, "Cross-Border Crime and Its Security Concerns in Nepal." Journal of APF Command and Staff College 2(1):21-31.

的XX牌辣椒醬與XX牌牛奶糖，因為不是從正式管道進口，上頭沒有貼上印度的食品檢驗標籤，商品的外包裝也常因為顛沛的運送過程嚴重磨損。央宗說，這些貨是她向先生的同鄉批來的，這些同鄉的工作便是「想盡辦法」把商品從尼泊爾運至印度，「我只是向他們批來零售而已」。這些出現在MT的「特殊」經濟模式，乃是流亡藏人與印度難民治理周旋後的結果，反映出的不僅是市場需求，更是公民身分闕如的處境，最終形成MT習以為常的生活方式。

2. 難民空間的合法與非法

除了管理難民身分，空間亦是國家難民治理的重要標的，透過劃定例外空間，制定使用規範與管理權責，將直接影響MT流亡藏人的生活方式。前面提過，印度的流亡藏人定居區大致可分為「正式」與「非正式」兩種，正式定居區由印度政府劃定，具有明確的法律規範、管理制度、人口限制，流亡藏人得以在相對明確的條件下進行開發建設，相反的，在非正式定居區，印度政府對其一切都「語帶保留」。

MT作為非正式定居區，分別於1990年與2006年面臨拆遷危機，當時MT流亡社群因無法有效證明在此生活的合法性，導致被印度政府視為非法占居地，得以正當拆除。2006年，噶嗎與其他本地居民積極爭取，多次參與請願活動並遊說議會，希望能從體制內留住MT、保護既有財產及合法社群運作的可能性；央宗一家人則在那時選擇放棄在MT的生活，向北遷移重新落腳於德拉敦（正式定居區），等到拆遷危機告一段落後，才再次搬回MT，經營起現在的雜貨攤。一直到2012年，在流亡藏人多次陳情與德里市政府表達公開支持下，法院才確定MT可以暫免拆遷，不過政府仍在大選前象徵性拆除兩棟違章建築，強化流亡社群在MT生活的不確定感。在那之後，MT雖沒有被定義為正式難民定居區，但已成為德里市中眾多「待正規化」的區域之一。從制度層面來看，相較於河埔地，MT有了相對明確的定義與規範[14]。不過被列為待正規化區域也僅是暫時認可流亡藏人可以在MT生活，仍稱不上獲得具體的保障。實際上，印度政府始終維持MT「非法佔居地」的定義，並保留「驅離」的權力[15]。

14 — 限制其無法再擴建，同時確保原有建築不會被拆除。

15 — 印度始終未透過法律制度確保MT的合法性，而是在缺乏法源依據的狀態下，保留驅離的絕對權力。“Delhi Tibetan Colony to be Regularized”，請參考 https://www.voatibetan.com/a/1497309.html，取用日期：2021年9月21日。

缺乏合法性不僅影響流亡藏人的居住權，也影響了經濟活動的運作。雖然在現行制度，印度政府允許流亡藏人繼續在 MT 生活，但建築物的建地仍是非法建地，不受印度政府核管，無法取得合法建照，蓋於其上的旅館成了違章建築，也不能申請執業證。2007 年，印度政府開始積極取締 MT 的旅館業，當時有些旅館偷偷將房號換成水果圖案，移走電話與電視，旅館老闆還會提醒房客，若遇警察盤問時，要回答是「暫住」，任何費用都是對寺院的捐款[16]。到了 2019 年，旅館雖已掛回門牌、恢復正常經營，電視、電話等旅館相關設施一應俱全，但仍屬低調經營，即使如今網路訂房早就蓬勃發展，但 MT 的旅館並不會出現在主流訂房平台，大部分僅能透過電話預訂住房。

綜觀 MT 合法性的轉變，從 1964 年尼赫魯總統的「口頭承諾」、1995 年印度政府作出「確保流亡藏人在獲得安置前得以繼續居住」的「宣稱」，到 2012 年與法院角力後取得「暫時的合法地位」，皆反映出暫時例外的法律特性。在缺乏明確制度保障的狀態下，沒有人能確定 MT 流亡社群的未來會如何發展，流亡藏人必須不斷向政府抗爭、結盟與協商，努力聲稱居住於此的正當性，才不至落入任由政府驅逐的境地。

流亡政府的國家治理

雖然印度政府並未在制度上將 MT 交由流亡政府管理，使其不能像在正式定居區般，以地方政府的角色統籌基礎設施、營區規劃與經濟發展，但流亡政府的內政部（Home Department）仍在此設立各種政府機構，執行各項政策與分配資源，使流亡政府在缺乏領土主權的狀態下，以「國家」的姿態參與 MT 生活，維繫德里流亡藏人與流亡政府之間的關聯，進而將 MT 納入流亡政府的國家版圖。

在 MT，流亡政府的主要工作包含申辦各種難民文件需要的行政服務、建立流亡教育與流亡醫療據點，並執行流亡政府的政策。由於流亡藏人並非印度公民，無法在德里取得足夠的社會福利資源，因此桑耶林辦公室提供的獎助學金、職業訓練、急難救助金便是德里流亡藏人的重要後援。隸屬圖博兒童村（Tibetan Children's Villages，主要的流亡教育體系）體系的西藏學校，負責孩童一至六年級的教育，將流亡教育資源帶到 MT；藏醫院與西醫院則有醫生輪值提供 MT 居民醫療照護，前者隸屬流亡政府行政、

16 — 請參考鄧湘漪，2015，《流亡日日：一段成為西藏人的旅程》。台北：游擊文化。第 157 至 160 頁。

文化部，後者屬於衛生部。

就業輔導是流亡政府解決流亡社會失業問題的政策之一，不少藏人在參加就業輔導、習得現代經營知識與專業技能後到 MT 開店，間接促成 MT 產業轉型。桑登（Samden）在幾年前參加流亡政府的職訓計畫，在德拉敦職訓中心接受創業輔導，學習美容美髮相關知識，結業後，在 2018 年夏天回到 MT 開設美髮沙龍 Y Salon，相較於常見的家庭式理髮店，Y Salon 的裝潢與服務顯得流行與現代，專業技術、器材及收費皆是德里的美容院等級；MT 知名的咖啡甜點店 Coffee House 經營者也是參加職業訓練，精進製作西點的技能，回到 MT 後以高品質餐點、妥善服務與舒適的空間氛圍，吸引來自都市的大眾消費者。

正是因為這些行政機構的運作，流亡政府才得以將被「區隔」在印度國家之外的流亡藏人，「囊括」在流亡國家的身體內，使「MT」與「生活在 MT 的流亡藏人」成為「流亡的領土」與「流亡的公民」。

「難民」身分區辨

在MT的日常生活中，流亡藏人的「難民身分」並不是他們的隨身標籤，多數時候人們不會意識到公民與難民有什麼不同，在商品買賣、聊天招呼、維修服務、請託幫忙的過程中，大家是朋友、業務夥伴、店家與顧客、老闆與員工，而不是難民與公民。央宗戲稱熟悉的印度小販為「胖子」，彼此打趣、開玩笑是常有的事；在色拉傑旅行社，幾乎每天都有印度司機與旅行業同行來聊天喝茶，以業主、廠商的夥伴關係討論工作該如何安排。實際上，難民「區辨」較常發生在充滿陌生相遇的觀光活動中，外界帶著報章媒體形塑出的刻板印象，先入為主地影響了他們與當地流亡藏人的互動。

1. 你來自哪裡？

「你的故鄉在哪裡？」「什麼時候來的？」「怎麼來到印度的？」「家人在哪裡？」這些問候展現了難民群體內部與非難民之間的互動關係，彼此的話題纏繞著故鄉、國族、身分與流亡，以「難民」作為理解彼此處境的開場白。在問答互動之間梳理各自的國家身分與自我處境，不斷觸碰公民與難民之間的界線。

帶著相近的問題意識，人們沿著特定「框架」相互認識、建立關係，在此過程中反覆形塑彼此認知，並再次「確認」彼此的文化與身分差異。「身分探詢」並不是純粹的想認識對方，而是一種具有生產性的互動過程，她將對難民的認知構築在實際的經驗材料上。因觀光旅宿業帶來的高度人口「異質性」與「流動性」，MT 成為流亡藏人與他人頻繁接觸的介面，流亡藏人間必須互問身世、釐清關係以確立自身狀態，使 MT 成為有效進行「身分區辨」的生產場域。不少觀光客、部落客帶著好奇來此，探詢藏人的流亡經歷、國族意識，也常有德里大學的學生到此進行以「難民」為題的課堂報告，正如帶著難民研究的問題意識到 MT 寫碩士論文的我。

在剛開始進行田野時，我對難民的想像很粗糙，僅是笨拙的沿著特定關鍵字展開追問，每每與藏人朋友分享各自生涯規劃或家人的話題時，我總會感到忐忑不安，害怕只得到「喔，你真幸福」的回應。儘管大部分時候，藏人能平心靜氣地談論與家人失聯、相隔兩地的狀態，但身為難民，無論是流亡經歷、法律限制、國族認同或社會歧視，都難以自在選擇想要的工作或自由地前往許多地方，以至於他們不只煩惱未來該何去何從，也煩惱當下的每一個決定，無論留在印度、跳機西方、返回中國，任一個話題都容易涉及「身為難民」的無奈，導致我們的對話常常以消極悲觀作結。

有一回，我在色拉傑旅行社巧遇就讀尼赫魯大學政治系的札西（Tashi），我的「漢人面孔」與「社會學研究生」身分引起了他的興趣。札西積極地與我談論中國議題，很自然地聚焦於流亡藏人的歷史與現況，並圍繞在對中國問題的看法。在過程中我們爭辯、交流、分享，雖看似學術性的討論，彼此的觀點差異卻逐漸落入「外部觀點」與「內部觀點」的區別。我清楚感受到札西將我視為辯論的對象，期望從我這局外人身上取得不同的觀點，試圖在實踐「西藏志業」的道路上尋找新的靈感，同時試著從我身上知道漢人世界如何思考流亡藏人的議題。我也將此對話作為研究流亡藏人如何思考自身處境的好機會。來自台灣的我與來自西藏的他，雖未刻意的探尋身世，彼此的身分界線仍敏感地浮現。

許多時候，「難民」也被流亡藏人作為詮釋世界的概念工具，像是央宗總是習慣以「我們是難民」來詮釋其所見所聞，而我經常被這類的消極解釋惹得不太高興。每當我分享在德里、拉達克等地的旅行經驗，央宗總是回：「我們是難民，沒辦法跟他們一樣。」儘管我只是想分享見聞而非討論身分，她還是以厭世般口吻將話題劃下句點。有次我好奇地跟央宗聊起路上的印度騙子，她才有感而發：「這些人什麼都有，有自己的國家、自己的房子，卻不好好工作，像我們難民的房子都是租的，什麼都沒有，只能努力賺錢。」或許從社會學的角度，騙子的話題有各式各樣的討論空間，但對央宗來說，「難民」是她選擇用以詮釋眼前現象最為便宜的解答，失去國家、難民身分、流亡他鄉的處境，使這些差異、不滿、不正義、不公平皆可以得到合理解釋。

2. 觀光活動中的難民

隨著觀光休閒產業的興起，MT 開始成為許多印度年輕人熱門打卡的景點，將更多的「他者」帶入 MT 流亡社群的生活。不少印度 KOL（Key Opinion Leader，意見領袖）以 MT 為 Blog、YouTube 創作題材，介紹這裡的美食餐廳、廉價服飾與西藏文化商品，大部分會在影片與文章切入正題前，先述說藏人的流亡歷史，如中國如何占領西藏、達賴喇嘛流亡印度的經過等，再加上中印戰爭與流亡藏人現狀，將 MT 呈現為德里的「難民飛地」，驚嘆繁榮的 MT 商業與難民印象之間的對比。

以「難民」與「西藏」為楔子，這些 KOL 搭建起進入 MT 的入口，也開啟觀光客沿著此線索探索地方的興致。一篇〈德里巷弄的小西藏〉的旅行文章開頭寫道：「西藏難民營在 1900 年代就開始於印度出現，但多數人是在 1962 年中印戰爭期間跟隨達賴喇嘛來到印度。直至今日，這個區域仍未受到授權……」[17]知名旅遊平台有篇留言則是：「最近才剛去 MT，這裡是個西藏難民營，居民仍以藏文作為主要語言，可以看到僧人與寺院。這裡提供道地的（印度）東北菜……如果你想要在新德里找點新鮮，這裡會是不錯的選擇。」[18]在網路上，類似的旅行見聞屢見不鮮，他們皆強調 MT 之所以值得造訪，是因這裡為難民建造、具有獨特歷史、充滿西藏文化符碼的空間，只需要搭乘捷運，便能在周末假日輕鬆愜意地來到德里的「難民村」、「小西藏」，享受休閒時光。

這些外來的消費者成了來此窺探尋奇的「觀眾」，離開自身熟悉的生活環境到充滿異質的空間，在街頭巷尾搜索各式政治與宗教文宣、打量來往人群，並在標誌景點前打卡分享。從世界各地投射而來的目光，使 MT 彷彿成了流亡藏人積極展現族裔文化、表

17 — 一篇介紹 MT 的旅行文章，在開頭便提供 MT 簡略的歷史背景介紹。請參考 https://www.tripoto.com/india/trips/little-tibet-in-the-lanes-of-new-delhi-59690e30643c0，取用日期：2022 年 2 月 19 日。

18 — 請參考 https://www.tripadvisor.co.nz/ShowUserReviews-g304551-d3705429-r447069936-Majnu_Ka_Tilla-New_Delhi_National_Capital_Territory_of_Delhi.html，取用日期：2022 年 2 月 19 日。

在寺前廣場上帶著相機與三腳架的印度觀光客。

達國族認同、傳達政治立場的舞台，主要演員便是在 MT 經營商鋪的藏人，他們布置舞台上各種裝飾與符號象徵，管理自我如何被觀看，並有意識的傳遞訊息。這齣難民實境劇日復一日隨店家早晨開門而上演，在夜幕降臨人潮散去後熄燈下檔，不僅觀光客喜愛到此尋奇，流亡藏人也知道在 MT 發出任何的流亡訊息，皆有機會因往來人潮傳遞，透過輿論在印度與國際社會渲染出巨大的政治效果。

「西藏志業」是最常見的劇情設定，藉由許多符號、短語、文宣表述難民的歷史經歷與政治意欲。在 MT 街道充斥各式政治宣傳的海報上，大多是關於自焚、政治犯與抗議活動的訊息，傳遞著流亡藏人的處境與立場。書店展售的書籍除了佛教思想外，其他多是流亡歷史書籍與名人自傳，為了有效地向外人訴說，這些富含政治目的的書籍、文宣都是以英文書寫。

此外，西藏志業更化身倫理性消費的難民標籤，在 T-shirt、帽 T、後背包、圍巾，或是辣椒醬、麵條包裝上，都可以看到 Free Tibet、བོད（西藏）與西藏國旗的符號，積極表達出流亡藏人作為難民對自由與國家的渴望。難民處境也時常展現在空間的命名上，店家大多以西藏當地的地名來取名，如拉薩旅館、喜瑪拉雅餐廳、布達拉旅行社等，以強調店家與原居國的連結來表達思鄉之情。新營區尾端的四水六崗大樓更直接以 Free Tibet（自由西藏）為門牌，巧妙將難民對自由的渴望置入生活中。MT 與 Budh Vihar 則是在入口弧型門拱上寫下「Tibetan refugee colony」（西藏難民營）與「Refugee market」（難民市場）的字樣，直白的說明 MT 的難民特性。

「沒有人真的去過拉薩，也沒有人真的從那裡來，對我們來說這是一種定義，一種保持記憶的方式。」經營旅館的慈仁（Tsering）指著牆上顯示拉薩時間的時鐘說。以拉薩、布達拉宮、西藏等故鄉主題的符號，建構 MT 的流亡語境，這些符號不僅是自我認同的表述，也不只是想表達對家鄉的思念，亦同時是難民進行政治訴求與維持社群團結的行動。

將西藏志業置入商品與市集運作的模式常見於流亡社

印有西藏國旗的辣椒醬。

以 Free Tibet 命名的四水六崗大樓門牌。

會，流亡藏人將外顯的族裔特色、政治標語置入交易過程，建構出具有道德意涵的經濟模式[19]，並隨著 MT 商業的蓬勃發展被擴大與強化。面對許多支持流亡藏人的消費者，藏人積極提供相對應的商品與服務，更使參與難民的道德經濟活動，成為進入 MT 發展的必要條件，在許多印度籍老闆經營的商鋪裡，除了可以見到印度教神像，也會看到達賴喇嘛的相片，他們對達賴喇嘛的尊崇並非出自宗教信仰，而是為了表達對流亡藏人的支持，並融入 MT 的商業空間氛圍。西藏志業與經濟活動的緊密糾纏，使消費者無論有意或無意來到 MT，皆被置放在具倫理性的消費經驗中，透過逛街、閒晃、尋寶、觀察，對難民議題有了更深的認識。

當公民身分昇華為人們用以界定彼此最為直覺的工具，流亡藏人在 MT 的生活也進入不斷界定身分與建立關係的過程，前台觀光化的發展，賦予流亡藏人生活強烈的展演特性，難民的國族意識、認同表述、政治行動與文化傳統，不斷透過凝視、商品交換、言談來傳遞，形塑出觀光客對難民的認識，也強化流亡藏人的自我難民認知。觀光作為

19 — 請參考潘美玲，2018，〈在市場中實踐「西藏意識」：印度、尼泊爾流亡藏人的難民經濟〉。《文化研究》27:59-86。

維繫難民處境的機制，既是行動者積極的表述，也展現了市場運作邏輯，在反覆回應、探尋思索的過程中，流亡藏人將生活經驗對照於抽象的難民概念，進而建立起個人生活與難民意識之間的細緻連結，使「難民」不再僅是客觀的定義，而是「此刻當下」在MT的真實。最終，流亡藏人作為行動者，在國家語境中反覆進行自我詮釋、政治宣說、現象解釋，產生一套扣合己身生命歷程的難民敘事，並將「難民」化為與世界進行溝通、政治協商的概念工具。

難民的儀式性

展演中的難民：再現國家象徵

在MT街頭張貼的一張海報上，印有許多歌手與舞者的照片，上面以英文寫著「Culture Show」，這是一場由國際西藏青年會在西藏小學舉辦的流行文化表演，演出時間為晚上七點，票價一百五十元。在MT類似的文化表演活動相當多，內容大多為傳遞不同國家的文化特色，以輕鬆軟性的演出呈現多元豐富的國際視野；觀眾不是來自強烈的政治動員，而是由售票人員積極上街向藏人、印度人及觀光客推銷、售票，無論政治立場、階級、身分認同、族裔文化，無論稚齡的孩童或是鶴髮長者，都是他們希望能吸引參與的對象。

而這樣標榜「傳統文化」的表演活動，激起了我的好奇。那天，我向街上兜售門票的學生買了票，考察之餘順便拯救我無聊乏味的夜晚。晚餐後，我悠悠晃晃地散步到演出地點，看見燈光音響設備人員正在學校中庭來回吆喝，忙著將白天的司令台變身成夜晚的舞台，演員也在一旁彩排。沒一會兒，觀眾陸續入場，輕鬆席地而坐，有些以家庭為單位圍坐，有些則是三五好友相聚聊天並分享帶來的食物。沒有貴賓票的我就站在後方花圃磚牆前，吃著由學校家長、老師製作的特製餡餅（Shapale）與拉茶，等待主持人開場。在喧嘩聲中，表演正式

由國際西藏青年會舉辦的文化表演，宣傳海報以英語書寫。由於韓國流行文化在流亡社會相當流行，因此在規劃西藏、印度、西方表演外，也加入富有韓國文化意涵的節目。

開始。只見演出者生澀地拿起麥克風唱西藏歌曲，台下調皮的孩童到處跑跳，觀眾繼續話家常，多數時候台上與台下輕鬆隨意，氣氛更像是同樂會。台上的表演者對台下的朋友指認互動，台下的觀眾也恣意地叫囂起鬨，就像是熟人玩笑般，舞台界線並不分明。

我在 MT 看過由西藏國際青年會、Jangsem 青年會、西藏婦女組織分別舉辦的三場文化表演，節目內容不外乎是唱歌、跳舞、朗讀與戲劇演出，表演者由大學生、地方居民與印度地方歌手組成，忘詞與笑場的「突槌」表現是常有的事。MT 文化表演的重點不是在呈現節目的藝術價值，而是讓平常四散各地、各自忙碌的流亡藏人，在正式節慶與抗爭活動之餘，有共聚一堂的機會，因此這些活動幾乎都選在假日晚上舉辦，好讓來此度週末的流亡藏人有機會一同唱頌西藏傳統歌曲、欣賞不同文化類型的舞蹈，也聆聽凝聚集體意識的各式演說。

這類型文化表演的舞台背景都很簡單，架設簡單的藍紅色燈光與兩座音響，只用一塊大布幔區隔前、後台，台上掛起主辦單位旗幟與西藏國旗，有時再掛上達賴喇嘛照片，就算大功告成。隨觀眾入場，一齣關於難民的劇情，已在節目正式開始前無聲上演。西藏國旗又稱雪山獅子旗，上頭畫有象徵雪域西藏、藏傳佛教、原始六氏族、政教結合正義必勝的圖像，標定了流亡藏人的團結精神，是展現國家的具體再現物。表演活動開始前，全場觀眾肅立望向西藏國旗，也只有此時，原本吵雜的嘻鬧會瞬間安靜下來，眾人開始齊唱西藏國歌。對生活在國家之中的人們，國旗象徵的是民族的榮光驕傲，指向民族國家的歷史與未來，但在流亡情境中，民族願景便不再是以現實為基礎，而是表彰出與當下生活無法兼容的夢想。

與國旗的象徵意義類似，對身處異地的流亡藏人而言，西藏國歌與現實生活之間的斷裂，同樣界定了唱頌者失去國家的狀態。西藏國歌創作於1950年代，從字面上理解其歌詞，內容是在讚頌佛陀於西藏所綻放的光輝，但若從流亡藏人的視角詮釋，歌詞中所有對榮光願景的「描繪」皆需重新詮釋為自由西藏的「使命」：「政教和樂的一切希望之源」提醒流亡藏人藏傳佛教在中國所受到的壓迫；「為西藏三區帶來新的圓滿幸福」則意指流亡藏人為故鄉同胞祈福；「願其吉祥盛德之光芒，戰勝邪惡的黑暗」[20]與流亡藏人對自由西藏的渴望相互共鳴。

20 — 根據流亡政府的中文翻譯。請參考西藏流亡政府中文官網 https://xizang-zhiye.org/%E8%A5%BF%E8%97%8F%E5%9C%8B%E6%AD%8C/，取用日期：2022年2月19日。

在遊行、演講等官方活動，透過凝望西藏國旗、頌唱西藏國歌等莊嚴的方式，召喚出參與者的國族意識，國家的神聖性在此儀式過程中被確認，藉由與現實對照，國旗與國歌以迂迴的方式將流亡藏人置放在失去國家、流離失所、文化失根的難民處境，牽引出的固然包含民族的光榮與驕傲，同時也是失去國家的惆悵，與對自由西藏、西藏國家的渴望。

1. 劇本中的「國家」

除了藉由國旗、國歌等明確的符號來「提醒」流亡藏人國家的存在，國家也可以被以「擬人」的方式再現於舞台。透過虛構的劇情、誇張的服裝與超現實的場景，她可以是哀傷的，可以是憤怒的，也可以是逗趣的。

有回，我參加由青年會舉辦的文化表演，表演者穿著休閒，燈光等布置陽春簡單，整個晚上就由青年會的十五個成員輪番上陣，除了演唱西藏傳統歌曲、跳西藏傳統舞蹈與印度流行舞蹈外，當中有一個令我至今記憶猶新的戲劇橋段。其故事背景設定在一場國際舉重比賽，六名參賽選手分別代表墨西哥、韓國、俄羅斯、不丹、中國與西藏，初賽由墨西哥／西藏、韓國／西藏、俄羅斯／中國、不丹／中國的選手兩兩一組進行。第一輪的比賽無論勝負，皆草草結束，幾乎沒有戲劇性的情節安排，明顯是為了鋪陳中國與西藏選手的最終決賽。

決賽開始前，主持人刻意絆倒扮演中國選手的表演者，表演者踉蹌的步伐、弱不禁風的樣子，引來觀眾哄堂大笑。第一次試舉，中國選手完全舉不起槓鈴、仆倒在地，起身準備放棄的他，被裁判要求再舉一次，不出所料地再次誇張地癱倒在地，最後被主持人羞辱、用腳踢下舞台，形象滑稽。輪到扮演西藏選手的表演者出場時，身披西藏國旗的他看起來英姿威武，主持人也刻意拉高音量介紹，在場觀眾隨之歡騰，只見他氣定神閒走到舞台中央，輕而易舉地以單手舉起槓鈴，就在這「製造」與中國選手反差的瞬間，表演結束。

在這場戲劇演出中，流亡藏人對國家的渴望化為了真實的劇情，西藏小學的司令台瞬間成為國際賽事的現場，藏人青年分別化身為不同國家的代表，在現實中失去國家的西藏，悄悄佇列於民族國家的隊伍中。西藏選手一出場，其健壯勇猛的英雄形象獲得全場歡呼，成為台下觀眾投射國族情懷的對象，興高采烈地為其搖旗吶喊，最終也以英雄之姿輕鬆贏得勝利，滿足觀眾的國族認同與驕傲。

這算是一齣直白的喜劇，沒有任何的起承轉合，也沒有複雜難懂的劇情，僅是順著觀眾的期待與想像，簡單暴力地呈現劇情。整齣戲的高潮並不在競賽結果，而是戰勝中國選手的橋段，劇本的設定並不涉及舉重的技巧與精神，只是借舉重比賽為引，搭建西藏與中國對決的舞台，以幽默、諷刺、羞辱的方式展演西藏戰勝中國的戲碼。乍看之下，結尾的安排粗魯荒唐，實際上卻充分反映流亡藏人受壓抑的集體心理，讓觀眾將自我投射為舞台上的西藏英雄，藉著揶揄嘲諷的劇情設定，使現實生活中的壓抑情緒得到宣洩，在虛構的舞臺世界中經驗到真實的勝利。

整齣戲之所以荒謬，是因為流亡藏人在戲劇中暫時脫離了當下失去國家的難民處境，顛覆受中國長期欺壓的狀態。有那麼一瞬間，彷彿大家是活在真正屬於西藏人的西藏國家。

2. 流亡西藏的文化與政治

在MT的「秀」，除了展演西藏傳統歌曲與舞蹈外，也藉由「文化差異」展演出流亡社群內部的多樣性，或是與其他社群之間的外部關係。依節目安排，「文化」被分成西藏、印度、尼泊爾、韓國、西方等「類型」，每一場文化表演就像小型的文化博覽會，將不同的文化類型依序陳列在MT的舞台，不同文化類型有不同的節目安排與表演方式，詮釋方式的差異使文化表演不僅僅是單純的文化再現與娛樂效果，更蘊含許多關於群體關係的訊息。

若以西藏文化作為表演主軸，通常會強調演出文化的「本真性」[21]，表演者肩負保存與傳遞西藏文化的任務，內容與形式皆相當講究「傳統」，服裝、舞步和唱腔會細緻地遵循衛藏、安多、康巴等地區差異[22]，包括男性穿藏袍（chuba），女性披邦典[23]，將垂肩的長髮編成髮辮、簪上華麗的髮飾。此外，表演氛圍也相對嚴肅，編曲講究傳統，在形式上與其他文化表演的流行風格呈現極大對比，表述的內容不外乎是歌頌家鄉的壯麗山河，與記憶或想像中的美好生活情境。

21 — 本真性（authenticity）：是一種強調真實內在哲學思維，在這裡指的是不受外界的壓力和干擾下，體現族群原生語言、生活方式和價值信念的文化特質。

22 — 衛藏、安多、康巴為西藏傳統地理分區，是當前流亡藏人內部主要的族群分類，不同地區的藏人在語言、服飾、生活習慣上皆有所不同。

23 — 邦典（pangden）：彩虹色的圍裙，是成年女性的象徵，而一般來說是已婚婦女才會圍上邦典。

穿著傳統服飾的西藏傳統舞蹈與歌曲表演者，舞台背後掛著達賴喇嘛肖像照片。

在西藏文化表演的場合，出生於印度、缺乏流亡經驗的孩童或青年朋友，有機會藉由歌聲及舞蹈來認識西藏傳統文化與歷史，對從書本與長輩口述中聽聞的美好西藏產生更具體的想像，而流亡已久的西藏長者則藉此回憶故鄉的生活與風景。透過傳統的表演形式，將西藏描繪為曾經存在的香格里拉，那是流亡藏人緬懷的過去與嚮往的未來，無論在印度或西藏出生、是否保有西藏的記憶、生命經驗有何差異，流亡藏人對西藏的集體記憶與情感，都可在這過程中被不斷強化與延續。

不同於西藏文化表演，當展演主題換成不丹、尼泊爾、印度文化時，表演者雖然有時仍會穿著藏袍，但詮釋方式改採「流行」舞蹈與編曲。這些位於喜瑪拉雅山南側山麓的國家，在地理文化上與西藏相近，也是流亡藏人主要的庇護國，來自不同國家的流行文化，沿著流亡藏人綿密的社會網絡，透過社群網路、商品交換、人群移動匯入流亡社會，成為流亡社會耳熟能詳的文化內容，藉由不同流亡社群所熟悉的文化類型，巧妙地說明南亞流亡社會的文化多樣性，描繪出當代南亞流亡社會的輪廓，連結居住在德里的流亡藏人與遠居他方的同胞，在地理不連續的狀態中，形塑共同體的想像。

以印度文化為題的表演通常會邀請印度表演者一同演出，此時，印度表演者不僅是文化的傳遞者，更化身為來自庇護國的使節，像是在一場由西藏婦女會舉辦的文化表演裡，表面上是情意綿綿的藏、印歌手男女對唱，但本質上是想藉此演繹一幅和諧的藏印關係。演出開始時，藏人男歌手與印度女歌手分別由舞台的兩側上台，觀眾們一看到男女對唱便開始鼓譟，期待會有深情害羞的演出，只不過兩人演唱時，並沒有太多情感交流，最多只有客套地相互握手致意，讓表演顯得有些尷尬。舞台上的兩位表演者成為流

印度女歌手與藏人男歌手合唱的橋段，是那晚唯一沒有背歌詞的表演。

亡社會與印度社會的象徵，情歌對唱是積極傳遞藏印「友好關係」的橋段，表演背後的政治意圖是提醒流亡藏人表達對印度政府的感念，也向現場的印度觀眾輸出善意。

在文化表演中，流亡藏人將自己對西藏故鄉的思念，以及流亡藏人與不同群體的族群關係，透過這些藏匿於儀式「後設敘事」[24]的國家意識形態，將流亡印度、失去國家的語境潛移默化地包裝成戲碼，引導出流亡藏人反身確認失去國家的難民現實。更重要的是，儀式是以集體的方式進行，原本四散德里各處的流亡藏人因參與文化表演而聚於一堂，站在同一立足點，經驗同一套國家論述、價值理念，使參與者在欣賞表演、同樂聚會、打發時間的同時，也梳理了自身與流亡藏人、民族國家的關係，確認一個彼此共構的流亡社會，維繫集體的國族意識與難民認知。

遊行、抗議、紀念日

相較於文化表演的含蓄，集會遊行因為帶有明確的政治動機與行動訴求，更直接且強烈地以標語、口號、論述揭露流亡藏人作為難民的生活處境。對生活在MT的流亡藏人而言，走上街頭已是稀鬆平常，每當中印關係轉變、西藏情勢動盪、歷史事件周年日，印度的首都德里便成為遊行抗議最張揚的舞台。在德里街頭，流亡藏人身披西藏國旗、背起繡有西藏花紋[25]的包包、穿著藏袍或西藏T-shirt，在高舉「藏印團結」、「團結抗中」的布條、高聲疾呼「Free Tibet」（自由西藏）口號的抗議行動中，將印度政治人物、新聞媒體、印度公民、世界各地使節與「中國大使館」視為對話的觀眾，試著渲染出足夠的影響力，渴望改變現實的困境。

24——後設敘事（metanarrative）：是指表述內容背後所立基的故事背景與原則條件，在這裡，民族國家形成的環境背景往往成為論述基礎。

25——常見的有法輪、吉祥結、時輪金剛（Kalacakra Monogram）、六字大明咒（ཨོཾ་མ་ཎི་པདྨེ་ཧཱུྃ）等佛教圖樣，這些符號除了佛教意義外，也被作為流亡藏人自我認同的象徵。

2008年，北京奧運聖火來到德里，藏人在中國大使館外組織大型抗議活動[26]；2012年，中國國家主席胡錦濤到訪印度前，二十七歲的益西（Yeshi）在遊行時以自焚表達對中國的抗議[27]；2018年底，中國外交部長王毅到德里為習近平訪印度進行交涉，藏人在機場外高舉「China Out of Tibet」的旗幟；每年三月十日，德里與世界各地一樣皆舉辦西藏抗暴日遊行。這些在德里舉辦的抗議遊行一再登上國際媒體版面，受關注的程度不亞於達蘭薩拉，遊行皆以離市中心不遠的MT為行動組織基地，在此集合出發前往市中心，以身體行動

2017年8月11日，藏人青年會在德里舉行遊行，在日漸緊張的中印邊界衝突中表達對印度的支持，並強調自由西藏是最好的解方。

向世界表達流亡藏人的訴求。

「我們的遊行也是在提醒流亡藏人的後代，我們的國家被中國綁架，所以我們展開這場活動。」2019年3月10日西藏抗暴日（Tibetan Uprising Day）的參與者向記者說道[28]。西藏抗議遊行的意義，不僅要抗議中國政府與尋求印度、國際社會支持，也是延續難民記憶與凝聚難民認同的儀式，遊行中的每一次訴說、每一項宣稱、每一套論述，皆積極地參與當代難民的形構，一方面喚起流亡藏人勿忘集體的過去、記起苦難的情緒，另一方面也將流亡歷史與今日的生活現實相互連結，於此刻當下團結流亡藏人的共同命運。

除了透過刻意安排的集體行動，流亡藏人也將政治行動融入生活。對因工作繁忙、居住偏遠而少有機會參與抗議遊行或組織行動的流亡藏人來說，每個星期三舉行的

26 — "Tibet Protest Delhi Apr 16, 2008"，請參考 https://www.youtube.com/watch?v=SgGlpLCC2dU，取用日期：2019年10月29日。

27 — "Tibetan sets self on fire in New Delhi protest"，請參考 https://www.cbc.ca/news/world/tibetan-sets-self-on-fire-in-new-delhi-protest-1.1219274，取用日期：2021年9月21日。

28 — "Tibetan exiles mark 60th anniversary of failed uprising"，請參考 https://www.euronews.com/2019/03/10/tibetan-exiles-mark-60th-anniversary-of-failed-uprising，取用日期：2021年9月21日。

Lhakar 日是他們政治參與的重要日子，Lhakar（藏文：ལྷག་དཀར།，中文：拉喀）日，藏語的字面意思是「白色星期三」，依據藏曆，星期三是精神領袖達賴喇嘛出生的日子（Soul day），白色代表達賴喇嘛的幸運色，這天也被視為達賴喇嘛的吉祥日，藏人會至寺院為達賴喇嘛祈福，但在 2008 年西藏起義（Tibet Uprising）後[29]，Lhakar 日被賦予更豐富的意義，成為抵抗「中國霸權」的非暴力抗爭日。

2008 年，中國政府鎮壓各地抗議活動，大幅加強對西藏的控制，派駐大批警力、裝置監視器、管制遊客並禁止集會活動，在高壓統治下，迫使藏人在中國境內的抵抗從公開的政治抗爭轉向文化經濟抵抗。Lhakar 運動從中國境內蔓延，迅速地以全球的尺度展開串聯，以去群眾化[30]、文化武裝[31]與不合作為主要策略，在 Lhakar 日，世界各地的流亡藏人會竭盡可能展現對自身文化的驕傲，說藏語、吃素、穿藏袍、上寺院參拜，傳達自身對恢復政治、文化權，以及對人權、自由的渴望；如生活在中國的藏人在那天會拒絕到中國商店消費，儘量光顧西藏商店與購買西藏製品。每逢 Lhakar 日，MT 的街道總是空蕩蕩的，到寺院的人特別多，轉經輪轉個沒停，縱使天氣炎熱，也有不少流亡藏人們穿著藏袍上街，走在遊客稀少與滿是文化符碼的街道，每個星期三的 MT 都顯得特別「西藏」[32]。老饕們知道不要在星期三到 MT，因為原有的菜單會被換成素食品項，有些店家甚至選擇公休一天。偶有不清楚狀況的旅客因遇上店家休息而感到失望，流亡藏人便會向撲空的旅客解釋 Lhakar 日，視其為宣傳西藏志業的好機會。透過個人化與生活化的實踐，Lhakar 運動讓世界各地的流亡藏人，包含 MT 的流亡社群，能以具體行動，抵抗霸權。

基於流亡的歷史，流亡藏人在印度發生重大事件時會積極致意，感謝印度對西藏難民提供的慷慨協助，亦維持與庇護國的關係。像在 2018 年 8 月 15 日，印度獨立七十一周年紀念日那天，我在前往紅堡參加印度國慶典禮的路上，看見 MT 有許多藏人的身上貼了印度國旗貼紙，有些店家門口掛上印度小國旗，展現與印度人同慶的氣氛；連接

29 — 西藏起義是自 1959 年達賴喇嘛流亡後規模最大的反抗行動。當時中國政府正在舉行 2008 年北京奧運，世界各地包含中國境內藏人都有大規模抗議行動，表達長期以來的不滿。

30 — 因中國對於抗議遊行的壓制，Lhakar 強調以個人行動的方式取代集體抗議，如穿藏服、說藏語、吃傳統食物等積極方式來展現認同，避免被羅織罪名入獄的危險。

31 — 以繪畫、文學、音樂、戲劇等藝術形式爭取藏人政治權力，內容包含宣示對達賴喇嘛的信心、對家鄉的愛與對自由的渴望。

32 — 因德里的夏天炎熱潮溼，藏人平常多是穿短袖短褲，只有在這天才會在 MT 街上看到較多穿著傳統服飾的藏人。

MT 與 Punjabi Basti 的天橋上也高懸著「Happy Independence Day」的祝賀旗幟，代表 MT 流亡社群向印度社會表達心意。

不過在隔日晚上，曾給予流亡藏人許多協助的印度前總理 Atal Bihari Vajpayee[33] 驟逝，印度舉國陷入哀傷。17日早晨，我一如往常出門，本想好好吃頓早餐卻發現常去的小店沒開，MT 大部分的店舖也都拉下鐵捲門，街道冷清異常，我在街上遇到剛從紅堡參加悼念儀式回來的噶瑪，他說為了表達對 Atal Bihari Vajpayee 辭世的不捨，今天 MT 商家集體歇業半日。當天中午，二、三十位僧人聚集在寺前廣場舉辦一場祈福法會，傍晚西藏婦女會也舉辦了追思遊行，追思遊行上，五、六十名藏人排成綿長的隊伍，最前面的人手捧著 Atal Bihari Vajpayee 與達賴喇嘛握手的照片，後頭的參與者手持燃燒的酥油燈，隊伍中的參與者有些高舉西藏國旗，有些頭戴印度國旗帽，眾人在經文吟誦中緩步向前。遊行隊伍從寺前廣場出發，穿過 MT 南側主要出入口後，藏人們向馬路旁來往的印度人致意，高舉著以「英文書寫」的紀念標語，向印度社會傳遞對 Atal Bihari Vajpayee 的感念。

對 MT 或德里流亡藏人而言，透過遊行抗議、文化實踐或是參與紀念日，原本各自生活的流亡藏人聚合一起，頻繁地與西藏、印度、中國相遇；透過默哀、控訴、衝突與歡騰的場景，相互糾纏為命運的共同體，思考、行動、言說以難民集體，也重新界定與印度社會、國際社會的關係。

維繫難民處境的機制

2010年12月22日，二十五歲的南嘉卓卡（Namgyal Dolkar）在歷經兩年多的申訴後，成為第一個取得印度公民身分的

33 — Atal Bihari Vajpayee 於 1998 年至 2004 年擔任印度總理，自 1950 年代起積極關注西藏事務，達賴喇嘛將其形容為「善於雄辯的西藏支持者」。

沿著 MT 外圍行走，悼念 Atal Bihari Vajpayee 逝世的流亡藏人。

流亡藏人[34]。根據印度政府 1986 年公民法案修正（Citizenship (Amendment) Act 1986），在 1950 年至 1986 年間於印度出生的流亡藏人，皆能取得印度公民身分，使許多第二代與第三代流亡藏人獲得成為印度公民的契機。在流亡社會中，取得印度公民身分一直是個充滿爭論的話題，許多人認為取得公民身分能解決生活中的各種限制，進而穩固流亡生活，也有許多人認為取得公民身分是種「背叛」，將會破壞流亡社群凝聚。然而在此爭議中，我注意到的是流亡藏人之公民身分與難民處境的模糊關係，在大多數國家，與難民有關的法律制度是維繫難民處境的重要因素，但我們過往在難民與難民身分之間劃上的等號，僅是一種理解難民的簡化方式，使我們忽略了難民生活的整體性與複雜性。

然而，若不再以制度身分作為認識難民的關鍵座標，我們又能如何展開理解？對每一個流亡藏人而言，無論出生在印度或西藏、有怎樣的流亡經歷、是自願或非自願，或是擁有如何的法律身分，難民處境都不是與生俱來的，而是在生活中多重體現國家效應的機制形塑而成，只是隨著時空脈絡不同有所差異。在 MT 流亡藏人的生活經驗中，即使已取得公民身分[35]，也不代表就能脫離難民生活。許多擁有公民身分的流亡藏人，生活仍是座落在難民空間上，並鑲嵌在流亡社會中，區隔難民的國家效應依舊沿著土地使用、街道建設、鄰里關係、經濟活動、親屬關係、同儕互動、社群組織、身分認同將其包覆，差別僅在於，國家效應已不再藉由法律制度在個體的層次產生區隔。換句話說，難民身分僅是維繫難民處境的機制之一，而「擁有公民身分」也不會使行動者完全脫離難民處境。

我將MT視為一座「生產難民的工廠」，是隨著德里市的都市化與全球化而被捲入印度、南亞的政治經濟中心，因都市多元異質的環境與活絡的經濟，而具備極佳的生產效率，蘊含著大量生產所需的材料與工具（牽涉國家效應的制度、機構與組織），也能不斷招募生產所需的勞動力（頻繁跨界的旅行者、積極運作的政府機構與經濟活動參與者）。生活在MT這座工廠，流亡藏人經驗著大量的「邊界情境」，頻繁且細膩的方式釐清難民／非難民之間的差異，並充分感受民族國家在維持與劃定其共同體邊界時所產

34 — 南嘉卓卡出生於印度，為流亡社會政治運動者，曾擔任流亡議會議員，是第一個取得印度公名身分的流亡藏人。請參考 https://timesofindia.indiatimes.com/india/25-yr-old-first-Tibetan-to-be-Indian-citizen/articleshow/7323090.cms，取用日期：2022年2月19日。

35 — 印度政府有條件地給與藏人公民身分，公民身分的取得與否是流亡社會重要的爭論議題之一。

生的外部效果。

在MT的生活中，難民處境的產生主要沿著執行法律制度、建立社會關係與維持身分認同的過程而運作，作為體現「國家效應」的主要機制，分別有著不同的生產條件、延伸出不同的邊界形式。而難民在不同過程中，所扮演的角色也不盡相同。

1. 執行法律制度

法律制度往往以「人」與「空間」為實施標的，如印度政府透過RC、IC等文件管理流亡藏人的身分，透過不同法律定義流亡藏人的定居區，同樣地，流亡政府也發放身分文件，並設立辦公室執行政策。在MT，印度政府與流亡政府透過公權力與資源掌控創造出許多治理工具，將政策制度落實在生活中，結構性的影響MT流亡藏人的生活方式。在政府積極治理的空間，法令條文藉由管理機構的執行，可以明確定義難民邊界，再加上嚴密的審核與稽查，消弭行動者協商、穿越、來回、周旋、偽裝的可能性。但在政府消極治理的空間呢？法律制度往往沒有被明確定義與付諸執行，使難民生活進入模稜兩可的灰色地帶。

隨著城市擴張，MT 從邊陲被納入核心，印度政府對空間治理也逐漸積極，導致許多非正式的經濟模式逐漸面臨印度政府的稽查壓力，過往未被審視的土地使用成為城市的治理問題。流亡政府也漸漸意識到 MT 的重要性，開始積極地參與當地流亡社群的運作，想將其納入行政區中。在此轉變過程，公民身分、土地使用權、營業執照的重要性被彰顯，使得在 MT 生活的流亡藏人必須頻繁地面對法律制度差異，在生活中銳利劃定合法與非法的界線。

2. 建立社會關係

相較於法律制度的武斷劃分，在建立社會關係的過程中，難民邊界需要透過人與人之間的觀察、溝通與交換而界定，當中牽涉頻繁的詮釋、理解與分析。在集體層次，型塑難民形象的工作被賦予高度的政治性，影響著流亡藏人自我表述、展現的限度，也影響身處城市的社會大眾以何種眼光看待生活在 MT 的流亡藏人，影響流亡藏人在面對庇護國社會、國際社會時，將處在歧視、恐懼、同情或值得援助的態度。而在個人層次，關係的建立則大多出自在 MT 生活的實際需求，透過人與人直接的接觸，體現為一種互為主體的過程，此時流亡藏人不盡然是極需同情與施捨的對象，而可能是善於討價還價的老闆、互利共生的夥伴或參與救濟佈施的行善者。從陌生到熟悉，從親密到衝突，從分隔到共生，難民邊界隨著政治、經濟、親屬關係的建立，被賦予豐富的倫理意涵。

3. 維持身分認同

最後，凝聚身分認同作為生產難民處境的機制，其說明了難民處境不僅僅是暴力衝突下的嚴重後果，也可能是難民自主的政治選擇。以共同語言、共同信仰、共同起源、共同歷史經驗為號召，西藏國族主義已然成為維持難民處境的重要機制，藉由流亡政府、學校教育、大眾媒體等媒介，將國家的意識形態輸送至流亡社會的每個角落，使內部充滿差異的流亡藏人，整合至流亡的國家共同體中；透過再現傳統文化、打造族裔空間、表達政治訴求與建立經濟活動，難民的身分認同被鑲嵌在政治經濟文化生活中，形塑出MT獨特的生活方式。

難民—西藏認同的維持，仰賴行動者的主動參與，自內而外的劃定難民邊界，並且指向共同的政治理想。在此，MT的流亡藏人並未將難民視為全然非自願的處境與汙名，在「自由西藏」的號召下，反而成為流亡藏人爭取集體利益、改變當下處境的共同基礎。回到認識難民的方法上，或許可以說，當我們不再將「公民身分」作為認識難民的客觀定義，試著從難民的生活出發，看見國家效應如何在生活中被實踐、如何創造維繫難民處境的機制時，或許就能夠以更貼切的視角，理解流亡藏人如何「親身經歷」難民的處境，與其「活為難民」的意義。

第四章

流亡的生命

當我們試著進一步理解發生於邊界的事物，它使我們確切的認知它（邊界）的厚度，並指認同時處於其間（in-between）、排除（exception）與不確定（uncertainty）的中介狀態，其不僅是行政管理與國家判定，更是關聯於邊界的普世性特徵。

——阿吉耶[1]

2018年9月28日，天氣炎熱。在我離開MT那天，退房後的我將大包小包的行李寄放在旅館大廳，帶著依依不捨的心情，展開一場告別田野的儀式。

走在再熟悉不過的街道，我儘可能地放緩每一腳步，來回繞了MT好幾圈，逛進每一間熟悉的店鋪，逐一拜訪在這兒認識的朋友，與他們喝一杯茶，聊聊我即將結束的研究，過程也不是太煽情，僅在起身後相互擁抱並給予祝福，允諾彼此在未來的某日，在世界的某處再見。天色漸暗，我把離開前的最後時間留給央宗與她的小攤位，這兒是我來到MT的起點，也將是我告別MT的終點。

央宗一改以往見到我的熱情招呼，只自顧自地做著眼前的工作，我也默默地坐在一旁。到了傍晚六點半，必須離開的時間，我揹起行囊準備起身時，央宗才抬頭望向我，遞來一份她做的涼粉，緩緩地說：「未來你如果再來印度，可能也看不到我了，以後的事誰也不知道，或許我已經不在了。」最終，沒有擁抱也沒有留下感性的話語，我悵然若失地搭上前往機場的嘟嘟車。

坐在候機室的長椅，我打開央宗給的涼粉，回想五味雜陳的告別場面。這是我第二次與央宗告別，還記得 2017 年我說：「明年會再回來」，她也開心地說期待再會；而這次，我告訴她自己即將完成學業，下次什麼時候能再見，我無法預期，更無法給予任何承諾。回想起幾天前，跟央宗說了我確定離開的日期後，我們彼此沉默的時間就變多了，畢竟面對不知該何去何從的未來，「再見」是那麼難以啟齒。登機前，我傳了訊息向央宗說自己已平安抵達機場，請她好好保重身體，她才以平常的口氣回覆：「祝你平安順利」[2]。

1 — 請參考 Agier, Michel, 2016, Boderlands: Toward an Anthropology of the Cosmopolitan Condition. Cambridge: Polity Press. p36. 原文如下："Thus, seeking to understand everything that happens at the border leads us to recognize its thickness and to identify, in all its occurrence, the presence and scope of a liminality - at the same time in-between, exception and uncertainty – that is certainly, beyond the administrative and national specifications with which it is generally associated, the universal characteristic of the border."

2 — 2020 年，印度封鎖中國通訊軟體，我與央宗也斷了聯繫。但只要之後有機會遇到來自印度的流亡藏人，我便會拿出央宗的照片詢問對方，是否曾在 MT 的街角見過她的身影。

2018年的夏天，央宗流亡印度已經二十三年，但對於未來，她無法找到具體線索，也沒有任何人可以給她確切的答案。任何長遠的計畫與安排，皆隨著「不確定的生活狀態」而顯得虛無，好不容易在MT建立起的政治、社會、經濟關係也難以穩固，在這裡，「不確定性」是流亡藏人親身經歷的感官經驗[3]，生活在難民處境中，流亡藏人的命運難以掌控在自己手中，缺乏國家的保障，也沒有體制得以依循，大多時候僅能順從天意。而天意，總是難以捉摸。若換成佛教用詞，難民生活所體現的便是對生命「無常」的深刻安排。

不確定的中介狀態

難民作為國家共同體的他者，無論被定義為不速之客或來自遠方的朋友，在庇護國家的意識形態下，總是被期待終有一天會回到他們原隸屬的國家，因此，「暫時安置」成為國家治理難民時的主要考量，透過懸置難民的工作、財產、身分、社會福利、公民權力等保障，消弭其落地生根的可能性。在如此「不確定」狀態下帶來的脆弱生活，讓流亡藏人對未來有嚴重焦慮感，央宗是如此，塔益是如此、曲珍是如此，我在MT遇到的大家也不乏如是。儘管隨著流亡社會發展，流亡藏人大多已脫離極度貧困，但對深陷難民處境的人來說，即使攢夠錢可以購屋置產、開創事業，對生活環境的各項投資，仍會因為自己有被驅離的可能而顯得保守。像噶瑪一樣「能夠」在流亡狀態中營造「家」的流亡藏人並不多，大部分流亡藏人的消費取向仍以暫時使用與易於攜帶為主要考量，隨時為再次遷移他方作好準備。

在MT的2006年迫遷危機中，德里市長Shiela Dixit公開聲援：「德里的流亡藏人促進了城市的和平，我們不應該讓任何人摧毀他[4]。」值得注意的是，在這段話中，Shiela Dixit不再強調是因為流亡藏人所經歷的苦難才給予庇護，而是肯定流亡藏人對城市的貢獻，間接確認了流亡藏人在MT生活的正當性。擁有「正當性」，意味難民是

3 — 請參考 Whyte, Susan Reynolds, 1997, *Questioning Misfortune: The Pragmatics of Uncertainty in Eastern Uganda.* UK: Cambridge University Press.

4 — 原文取自“Having the Tibetans in Delhi will have a peaceful influence on the city and we will not let anyone destroy the colony”，取自“Majnu Ka Tilla Eviction Issue: Govt won’t give up on ‘Little Tibet’”，請參考 https://www.phayul.com/2006/08/05/13443/，取用日期：2021年9月21日。

否能取得政府的支持、是否被人道救援組織關注、是否能取得制度保障、是否能獲得援助資源、是否能建立經濟自主，是否能對抗不確定的生活處境。一旦缺乏足夠正當性，難民的生活將處處碰壁，成為讓庇護國頭疼的社會問題，甚至淪為不受歡迎的罪犯被驅離、監禁。對於當代流亡藏人而言，受庇護的正當性除了源自流亡本身的道德意涵外，更需實質地建立在對印度社會的實質助益，以及是否能避免與化解自身與印度社會之間的衝突。

積極而謹慎：尋找政治盟友

無論過去或現在，流亡藏人的政治傾向與意圖，因涉及中印關係與印度國家內部整合，始終是國際政治上的敏感話題。從1962年爆發的中印戰爭、由西藏難民組成的邊境特種部隊，到近年達賴喇嘛頻繁造訪喀什米爾、拉達克，強化流亡社會與該地區關係等動作，皆牽動中印關係的敏感神經。然而作為受庇護的難民，如何宣稱其價值理念、調節與庇護國的利益衝突，成了敏感的政治選擇；以流亡政府為例，便是藉由實踐民主政體、宣揚非暴力抗爭，使自身的存在被詮釋為具有理想的政治實踐，方可獲得西方社會的大量支援，且不會被印度視為威脅[5]。

MT作為流亡社會與外部世界接觸的窗口，在外交上位處關鍵的戰略位置，流亡藏人在此組織遊行抗議，並將流亡政府駐德里代表視為重要的「駐外大使」之一[6]，從向中國使節進行抗爭來表達對印度外交政策的意見[7]，乃至於積極向印度社會分析西藏在地緣政治上的重要性，生活在德里的流亡社群從未缺席於遊說印度政治人物、與公民團體結盟、

此為流亡藏人舉行政治遊行的宣傳海報，主要訴求是向印度社會強調：在面對中國問題時，西藏與印度是命運共同體。

5 — McConnell, Fiona, 2016, *Rehearsing The State: The Political Practices of the Tibetan Government-in-Exile.* UK: WILEY Blackwell. pp145-170.

6 — 另一位受重視的駐外大使為北美代表，擔任此職位者往往會被視為是下一任西藏流亡政府總理候選人。

7 — 2007年10月10日，為了抗議中國對於達賴喇嘛的汙衊與藏人流亡六十周年，以及2021年7月1日中國共產黨建黨一百年紀念日，德里的流亡藏人集結在中國大使館外表達抗議。

宣傳政治理想、維持西藏議題熱度的各個場合。他們致力於將自身放在中國的政治角力中，試圖將西藏議題置入問題的核心，透過論述將流亡藏人的難民利益，與印度的國家利益綑綁在一起，也將日常生活化為價值理念，成為溝通與連結政治盟友的場域，只是在參與政治實踐時，必須小心翼翼地在鄰里、印度社會、國際地緣政治中找尋恰當位置，也要在締結盟友時避免成為受攻擊對象，不斷確保作為政治難民的正當性，才得以受到庇護。

除了價值立場的選擇，MT流亡社群要面對的另一難題是，作為難民所背負的政治意義已日漸消退。由於人們對流亡藏人愛好和平、虔誠信仰、追求自由的想像，使異國情調與族裔消費等商業活動成為MT得以站穩腳步的立基，但如今「小西藏村」的觀光形象大多已跳脫族裔文化，以平價服飾、西點咖啡、專業的技術打入都市大眾消費市場，這些商業化傾向讓人不禁開始思索：當流亡藏人的歷史、人權議題、政治立場、文化思想不再是吸引人們來MT的主因時，是否將會為流亡藏人生活在MT的正當性帶來危機？又會否讓流亡社群再次被貼上經濟難民的負面標籤呢？

從暫居到長住：打造利益共同體

在歐洲，第三世界的難民時常被貼上經濟難民的標籤，認為他們踏上流亡的行動為理性利益算計後的選擇，反映個人對於自身利益的追求，而非源自生死存亡的危機與集體的政治理想，致使庇護國將其視為不值得援助的難民[8]。因高度仰賴庇護國政府、國際援助者與印度社會的支持，經濟難民與政治難民的區分，同樣造成流亡藏人在追求生活品質、社群發展時的困境，一旦難民被視為「富裕」，就容易被鄰人妒忌、被貼上逐利的標籤，更招來對「西藏志業」的質疑。

流亡藏人最早在 Budh Vihar 建立的難民市集，便是因「難民」與「富足」之間的矛盾而沒落，當窮困潦倒的流亡藏人建立了活絡的商業環境、改善物質生活，降低庇護國提供難民援助的必要性時，也惹來印度社會其他族群的質疑，像是當年被拉達克人視為違反佛教教義、狡猾且被錢所迷惑的經濟動物。面對與拉達克人（印度公民）的衝突矛盾，流亡藏人（難民）僅能選擇迴避，將社群重心向北遷移到更邊陲、更隱匿且缺乏

8 — 請參考 Marfleet, Philip, 2007, "'Forgotten,' 'Hidden': Predicaments of the Urban Refugee." *Refuge* 24(1): 36-45.。

政府管理的MT。

在我造訪MT的2018年，拉達克人與流亡藏人的芥蒂依舊明顯，雖然仍有流亡藏人居住在Budh Vihar，但大家已不再將那個曾經的難民接待所視為流亡藏人的空間，而是清楚地將它劃分為拉達克人的領地。我幾次探訪Budh Vihar難民市集，還在營業的店家不多、門可羅雀，對比MT街道的熱鬧景象，幾乎有如天壤之別，原本流亡藏人經營的店家也早已轉由印度人經營，僅有一間西藏餐廳還在營業，儘管商場仍以「拉薩商場」為名，也照著流亡社會的節慶假日公休，但除此之外，已感受不到更多西藏氣息了。令人訝異的也幸運的是，雖因觀光旅宿業的發展，使MT流亡社群的生活條件顯然比鄰近的印度社區好上許多，但鄰里之間並沒有像當年的Budh Vihar爆發嚴重衝突。

大量造訪的旅客，在MT與地鐵站之間形成一條「約定俗成」的接駁路線，有固定的收費方式與停靠站點，不管什麼時間都可以看到三、五台嘟嘟車守在MT出入口，印度司機們爭搶客人。觀光旅宿業也創造出許多勞動職缺，來自各地的印度人在此擔任飯店房務、餐廳幫廚，每天協助央宗收攤的車伕是她先生札西以前的印度同事，擦鞋工、磨刀師、氣球小販、掏耳人也隨著人潮來到MT。因為，人多的地方就有生意，藏印合資經營的大型旅行社、印度人經營的找換店、長期與旅行社合作的印度籍計程車司機等，皆使 MT 的經濟活動不再只屬於流亡藏人。在 MT 發展的同時，繁盛的商業也帶動 Punjabi Basti 的房地開發與商業發展，使其成為 MT 的衛星城鎮。

在 MT，藏印之間有時是純粹的分工，有時是主僱關係，有時則是資源共享的鄰居，但這並不意味階級矛盾的消失，只是在難民的處境中，流亡藏人「必須」與印度公民合作，促使彼此的利益糾纏，降低族裔經濟的封閉性，或多或少調節了難民與社區鄰里的關係。

除了生計的連結，流亡藏人更積極透過資源共享，將自己塑造為對地方發展有益的群體，印度許多藏人定居區將援助資源帶來的效益擴散至流亡社群之外，藉由改變邊陲地區的發展、提供就業機會，以及改善學校教育與醫療衛生，使鄰里居民得以獲益，減緩社群彼此之間的矛盾[9]。位於都市邊陲的 MT 也是如此，流亡政府在此設立的兩間醫院提升了當地的醫療水準，除了西醫院外，藏醫院也有許多排隊看診的印度人，加上幾

9 — 請參考 Norbu, Dawa, 2011, "Refugees from Tibet: Structural Causes of Successful Settlements." *The Tibet Journal* 26(2): 3-25. And Basu, Sudeep, 2010, "Organizing for Exile! 'Self-Help' Tibetan Refugees in an Indian Town." Refugee Watch 35: 1-13.

間藏人經營的牙科，都使 MT 與其週遭地區的醫療服務更為便利。本地居民協會也時常發起各式各樣的公益行動，如亞穆納河淨灘、幫助印度街友重建生活、寒流來襲時贈送物資、在 COVID-19 期間協助消毒與防疫物資發放等；關注當地的婦女權益的西藏婦女協會也有專門處理流浪狗的服務，解決 MT 與附近區域的流浪動物問題等。流亡政府的公共資源與居民發起的公益行動，使 MT 流亡社群發展的成果惠及族裔範疇，也被視為地方發展的助力，而非資源的競爭者與掠奪者，緩解了鄰里之間對富足難民的質疑與不平衡心理。

苦難之後：建立公民性

像公民一樣生活，是保障流亡生活最直白的一種方式。

因印度政府開放 1950 年到 1987 年在印度出生的藏人申請歸化，在 2018 年時，MT 有許多藏人已取得公民身分，取得公民身分的流亡藏人如同一根一根的圖釘，將 MT 的流亡社群固定在印度國家常規的秩序中，他們透過選舉參與地方政治及行使公民權力，在難民治理之外建立在此生活的合法性，使流亡社會與印度政府之間的互動不再僅限於（印度中央）政府與（流亡）政府之間，而能夠被細緻地落實在公民（擁有公民的流亡藏人）與政府（地方、邦、中央各層級政府）的互動中。

對經營商店的藏人而言，繳稅是另一種建立公民性的方式。2002 年，印度政府修改稅法要求，凡是 2002 年後建成的房屋都必須繳納房屋稅，雖然 MT 的房屋未受政府列管，但屋主們仍主動向印度政府繳納房屋稅，在 MT 經營店鋪的流亡藏人認為，當印度政府接受他們繳交的稅款，等於間接承認商店的運作，至少能在他們被警察巡查營業合法性時作為證明，也藉此證明自己對印度社會的貢獻。

合法登記的社團組織又是另一個建立公民性的途徑。2004 年，本地居民協會根據《1960 年社會註冊條例》向印度政府註冊成為 MT 流亡社群在印度體制內的代表，得以社團法人的身分與政府溝通。在 2006 年的拆遷危機中，流亡政府因缺乏立場而傾向順應，此時便由本地居民協會向印度政府正式請願，在保留過程中扮演關鍵的角色[10]。

10 — 請參考 Balasubramaniam, Madhura and Sonika Gupta, 2019, “From Refuge to Rights: Majnu ka Tilla Tibetan Colony in New Delhi.” *kritisk etnografi – Swedish Journal of Anthropology* 2(1-2):95-109.

從 TIBETAN REFUGEE COLONY 改成 NEW ARUNA NAGAR COLONY RWA（REGD）的 MT 大門。圖片來源：中央社[11]

2019年，本地居民協會積極地參與MT的正規化，完成MT土地測繪，並向德里發展局申請註冊。2021年，牌坊上TIBETAN REFUGEE COLONY的字樣被改成NEW ARUNA NAGAR COLONY RWA（REGD）[12]，削弱了原本的難民色彩，強調MT是受印度地方自治體制治理的「註冊定居區」，不外乎是為了彰顯流亡藏人居住於此的合法性。

法律制度一方面界定了難民的生活限制，另一方面也提供難民得以進入的縫隙，透過取得公民身分、繳稅紀錄、營業登記與參與地方自治，MT的流亡社群建立與印度政府對話的基礎，消除生活不確定性的支點，成為印度國家的「類公民」。

從制度層面看待難民「個人」時，合法與非法是涇渭分明的，僅需依身分證件便能區分，但當印度政府面對的是MT流亡「社群」時，便不再純粹是國家政府與外來難民的關係，以MT為例，政府面對的是難民與公民、合法組織的複雜混生，MT的居住成員有流亡藏人，也有「取得印度公民身分」的流亡藏人，以及合法經營與納稅的商店，當生活逐漸相應於印度國家的常規秩序，MT作為難民空間，將跳脫完全「例外」的狀態，這也意味著MT流亡社群的公民性逐漸增加，不再是純粹的難民空間，同時是德里市眾多非法暫居區之一，成為城市治理中「待正規化」的空間。

11 — 請參考 https://www.phototaiwan.com/Query/PhotoDetails.aspx?IMG_ID=20211024013700&IMG_SUB_ID=20211024013700000&page=1

12 — REGD 為 registered 的縮寫，此註記強調著 MT 是受印度政府治理的空間。請參考 https://www.localguidesconnect.com/t5/General-Discussion/The-Tibetan-Monastery-in-Delhi-Peaceful-and-Spiritual/td-p/2961042，取用日期 2021 年12月21日。

我們：權力的開顯

在權力生成中唯一不可或缺的物質因素，是人民的同舟共濟。人們唯有心手相連，因而一直存在著行動的各種潛態，權力才能始終與他們同在，而城市的建立，的確是權力最重要的物質性先決條件。在行動轉瞬間消逝以後還能將人們凝聚在一起的事物，以及人們藉以共同生活而維繫其於不墜的東西，那就是權力。任何人，基於任何理由而和他人息交絕游，會喪失權力而不起作用，不管他的力氣有多大，他的理由有多麼正當。

——漢娜・鄂蘭[13]

在《人的條件》（The Human Condition）一書，政治哲學家漢娜・鄂蘭（Hannah Arendt）指出的正是人所依存的「世界」，提供了人之所以得以為「活」為人而異於動物的基礎條件。人只有生活在一個使其行動能夠產生效果、言說得以產生意義的世界中，才得以為人。在這裡，世界並非是一個客觀存在的實體，而是存在於行動者之間，由人與人共同織起的世界，人最大的敵人，便是與此世界疏離。

如果集權、封閉、隔離的難民營，是世界陷落之處，在那裡人的權力被武力剝奪，人的豐富性被貶抑為純粹的數字，那麼，一座城鎮、部落或社區，便成為難民得以建立與他人關係的場域，透過 MT 流亡藏人的生活，我們能看見，唯有生活在緊密的社會關係中，難民才不致落入任由驅離的處境。在流亡藏人的生活中，「賦權」被落實為平凡的話語，流亡藏人透過參與政治行動、建立鄰里關係、發展經濟活動與進行環境建設，被納入各種政治、經濟、文化共同體，進而在共同體之中成為具有能動性的生命，積極地介入難民處境的形構。

站在本書的結尾回望書寫的起點，這一趟旅程，或許可以理解為一項建立「我」與「他們」之間連結的行動：2014 年，我以近乎無知的狀態與藏人相遇，唯一擁有的是對於陌生未知感到訝異；2016 年，我依舊徬徨，帶著對難民議題的焦慮，在情感與道德的驅使下，以研究為方法籌備接下來的旅程；2017 年，我初次前往流亡藏人生活的遠方，我能做的不多，只是沿途記錄我與他們相遇的故事。2019 年至今，我開始書寫，試著以文字對彼此的相遇作出些許回應，是我擅自介入了他們的生活，但換個角度，他

13 — 請參考 Arendt, Hanna 著、林宏濤譯，2018，《人的條件》。台北：商周。第 292 頁。

們也真實地來到我的世界。

在我與他們共在的世界，我試著釐清所謂的難民生活，探索形塑難民處境的機制，也試著在機制運行的過程中，尋找能夠鬆動結構的位置，希望在被我視為泥沼的生活中，找到作為社會學旅行者的我與作為難民的他們，各自能採取的行動方式。相比於過去面對難民，只能義憤填膺的自己，現在的我，或多或少地更清楚流亡藏人的處境與煩惱，也或多或少地更明白我該做些什麼，回應我最原初的焦慮。

最終，這本書的寫作仍未脫離旅行文學擅長使用的啟蒙老梗，將故事描繪以一段脫離、失序、重整的通過儀式，給予脫胎換骨的象徵。如今我已離開田野，也即將結束本書的書寫，我想說，如果關於「活為難民」有任何答案，並不會是因為人們聰明的發現，而是當我們開始建造一座彼此共在的世界時，悄悄浮現。在此請容我回應漢娜鄂蘭所言：「當一個人變成一般意義上的人——沒有職業、沒有公民資格、沒有言論、沒有用以具體驗明自身的行動——並且在總體上與眾不同，完全只代表他自己絕對的、獨特的個體，被剝奪了在一個共同世界裡的表現，以及對這個共同世界產生作用的行動，這個個體就失去了全部意義[14]」，我在MT流亡藏人身上所學到的是，當被排除的生命再次被納入我們共同所依存的世界，其將在各種共同體中成為具能動性的生命，而我們便有機會在民族國家所形成的環境中，重新思考、尋找、建立使彼此共同活為「人」的可能性。

14 —— 請參考 Hannah Arendt 著，林驤華譯，2009，《極權主義的起源》。台北：左岸文化。第 425 頁。

自由西藏

後記

我應該算是個幸運的人，得以在人生徬徨的轉折處接觸社會科學，並且在台灣政策轉南向之際得到一筆研究經費，在國家邊境尚未因COVID-19被封鎖之前踏上印度，在與流亡藏人的相遇中思考難民議題。

若非種種的機緣巧合，我便無可能展開本書的寫作。

我在印度的田野沒有馬凌諾斯基的寂寞，也沒有李維史陀的憂鬱，除了偶爾因無法取得研究資料而感到焦慮外，倒是充滿朋友、美食與歡笑。或許是這樣美好的經驗，使我對於晦暗幽澀的事物沒有太多琢磨，能心平氣和地描述難民充滿喜怒哀樂的生活樣態。

一路以來，家人始終是我最死忠的支持者。從我還是紈褲子弟的時期開始，他們總是支持著我四處旅行探險，並陪著我成為一名研究者，乃至今天的作者。縱然他們以為我在印度的日子只有吃喝玩樂，還是無條件的贊助我旅費，關心我安危，從未要求任何回報。得知我要將論文改寫出版後，他們的關心也沒少過，每當我陷入改稿的焦慮時，他們殷殷切切地關心進度，從「寫多少了？」「快寫完了嗎？」轉變為「怎麼還沒寫完啊？」的語氣，陪著我一路走完。

在學術的路上，慶幸能遇見交通大學族群與文化研究所的老師與同學們，在學院學習的三年半時間稱不上長，從課堂上的論證思辨到走廊上的閒話家常，或深或淺地將知識植入我對世界的思考。

在難民研究的路上，很幸運地在碩二那年修到陳瑞樺老師的課，在老師的課堂上獲得許多重要的知識養分，使我在研究的路上不至於迷路的太遠。在論文口試結束後，若沒有瑞樺老師的鼓勵，我可能沒有那麼大的勇氣將論文改寫出版。另一個精神糧食則來自我在田野的室友黃崇憲老師，至今，我還時常懷念在拉達克 Jamyang School 裡，睡前與老師 meeting 的時光，我坐在老師床邊，靠著昏暗的燈光，在寒冷的夜裡進行學術思辨。崇憲老師給了我寫作上的啟發，也讓我學著如何作一位社會學旅行者，更陪著我度過田野中酒精濃度最高的日子。

回到研究所，這裡最為現實的工作仍是將在田野取得的各種故事、感官經驗與胡思亂想，化為具體的研究成果。作為潘美玲老師的研究生，我雖然從未期待老師溫柔對待，但也沒預想到老師對學術研究的精實，也轉換到對我的嚴厲指導（這裡說的是研究要求，老師本人很和靄的）。每次要踏入老師辦公室前，我總是在外頭躊躇好久，深怕待會的場面過於血腥，然而，老師總是「忍心」識破我胡吹亂謅的分析，刪掉我嘔心瀝血擠出的敘述，導致那陣子的我飽受胃食道逆流之苦。

一路上跟著老師學習，我漸漸找到適合自己的研究姿態，也開始有方法整理田野中龐雜的資料，一步一步將磨難轉化成美好的結果。我能肯定的說，美玲老師是這趟研究過程中最辛苦的人，必須在短短三年多時間，讓我從一個對社會科學充滿錯誤想像的理工男，成為能獨立進入田野、撰寫研究論文、並與人社知識共處的學習者。

在決定將論文改寫出版之後，我開始獨自經歷改寫所需遭遇的種種磨難，混亂的語句、錯置的結構與連篇的錯字總是將我的心志消磨殆盡，這樣的苦難就在我將文稿送交陽明交通大學出版社時，一切有了改變（多了一個人受難）。在孤單的改稿旅程上多了程惠芳主編的陪伴與專業的編輯指正，看著許多冗言贅字與結構段落有了更好面貌，心中雖有些愧疚，但總是因文字被在乎而感到欣喜。今天能有本書的出版，必須謝謝主編以生命，將我雜亂的文字，化為可閱讀的敘事。

最後，由衷感謝我在印度最主要報導人，曲珍、塔益、索南、桑登、卓卡、噶瑪、慈仁「們」與札希「們」，唯有他們願意接受一個整天在打聽人們身世的我做朋友，願意讓我無所事事地賴在他們的房間、店舖或攤位，才能有本書的誕生。無論物質或是承諾，我始終沒給過他們什麼，但每當他們向小販點拉茶時，從不會忘了算上我的一份，雖然我們彼此於地理、政治、文化上相隔甚遠，我仍期許未來有一天能再見一面，送上一本以陌生語言寫著你們故事的書。

2022年1月25日，凌晨，在自由西藏的路上

國家圖書館出版品預行編目 (CIP) 資料

活為難民 : 那年的我 , 與印度德里的流亡藏人們 / 彭皓昀作 .
-- 初版 . -- 新竹市 : 國立陽明交通大學出版社 , 2022.05
面 ;　公分 . -- (生命政治系列)
ISBN 978-986-5470-26-5(平裝)

1.CST: 難民 2.CST: 藏族 3.CST: 印度德里

542.277　　　　111004607

生命政治系列

活為難民

那年的我，與印度德里的流亡藏人們

作　　者：彭皓昀
封面設計：兒日設計
美術編輯：theBAND · 變設計— ADA
責任編輯：程惠芳

出 版 者：國立陽明交通大學出版社
發 行 人：林奇宏
社　　長：黃明居
執行主編：程惠芳
編　　輯：陳建安
行　　銷：蕭芷芃
地　　址：新竹市大學路 1001 號
讀者服務：03-5712121 轉 50503（週一至週五上午 8:30 至下午 5:00）
傳　　真：03-5731764
E - m a i l：press@nycu.edu.tw
官　　網：http://press.nycu.edu.tw
FB 粉絲團：http://www.facebook.com/nycupress
印　　刷：中茂分色製版印刷事業股份有限公司
出版日期：2022 年 5 月初版一刷
定　　價：350 元
I S B N：9789865470265
G P N：1011100425

展售門市查詢：
陽明交通大學出版社 http://press.nycu.edu.tw
三民書局（臺北市重慶南路一段 61 號）
網址：http://www.sanmin.com.tw　電話：02-23617511
或洽政府出版品集中展售門市：
國家書店（臺北市松江路 209 號 1 樓）
網址：http://www.govbooks.com.tw　電話：02-25180207
五南文化廣場臺中總店（臺中市臺灣大道二段 85 號）
網址：http://www.wunanbooks.com.tw　電話：04-22260330

—本書通過國立陽明交通大學出版社學術審查—